オーナー経営者が
節税よりも大切にしたいこと

新 事業承継・相続の教科書

プルデンシャル生命保険株式会社
石渡英敬

SE
SHOEISHA

はじめに

事業承継や相続については、「節税」を目的とした対策の情報が世の中に溢れています。オーナー経営者の皆さんも、「事業承継対策＝税金の対策」と思っていませんでしょうか？

しかし、税金の対策に目を奪われると、本質を見失ってしまいます。会社を継がせる人（オーナー社長）、継ぐ人（後継者）、継がない人（非後継者）の間には、それぞれの立場の違いから、どうしても「価値観のギャップ」が生まれてしまいます。このギャップが事業承継・相続における最大の障壁であり、見定めなければならない点です。そして、「価値観のギャップをどのように埋めていくのか」が、事業承継の事前対策、相続の事前対策の本質と考えます。

事業承継と相続をめぐって、価値観のギャップが生まれる背景には、戦後の「核家族化の進展」があります。

戦前の日本では、「分けない相続（家督相続）」が主流でした。世界でもほかに類をみないほど100年企業、200年企業が日本に存在するに至ったことと、「分けない相続」とは強く相関関係があるものと思われます。しかし、戦後に法律が変わり、核家族化が進むと、「均等に分ける相続」が一気に広まります。相続をめぐるトラブルが近年増えていることと、核家族化の進展のあいだにも強く相関関係があるものと考えられます。特に、「自社株式」という分けづらい財産を抱えるオーナー経営者ファミリーの相続に、核家族化は強く影響しているものと考えられます。

ここで、私の肩書をご覧になった読者の皆さんの中に、「あなたは保険屋さんでしょ？保険屋さんが、どうして事業承継とか相続をテーマに本を書くの？」という疑問が生まれているのではないかと想像します。

実は、私自身、事業承継の渦中に育ちました。詳しくは第4章に記しましたが、私の祖父は戦前に事業を興し、戦後、高度経済成長の中で事業を伸ばしました。そして2代目を継いだ長男（私の父）と次男（私にとっては叔父）は、「確執」とまではいえないまでも、微妙な関係になっていたことを、幼いながら私は目の当たりにしてきました。

私の兄がその跡を取り、父と兄は家にいるときも会社のことで議論をすることが多く、会社には関わらなかった私は「蚊帳の外」の立場を経験しています。そして、会社は法人設立55期目にして、第三者承継（株式譲渡）を余儀なくされました。

私は30歳で生命保険の営業職に転身しましたが、当初は保険の営業と、事業承継対策、相続対策が関係するとは自分でも思ってもいませんでした。しかし次第に、「オーナー経営者の家に生まれた自分の生い立ちを活かした働き方ができるのではないか」という思いが強くなってきました。

このような経緯から、現在ではオーナー経営者の事業承継対策や相続対策に特化して、オーナーファミリーの伴走者として活動しております。


本書では、13の事例（大戸屋の事例と私の実家の例は実話。ほか11の事例にはモデルが実在していますが、すべてフィクションに仕立ててあります）を用いて、第1部「親族承継はなぜ難しいのか？」で親族承継の難しさを皆さんと共有し、その対策と解決へのヒントを第2部「親族承継に光を！」で提示します。

少子化の中、そして事業環境の複雑さが増す中、親族内に後継者がいるということは、それだけで喜ばしいことではないかと思います。

親族承継こそ、日本らしさ、日本の強みです。後継者がいることをアドバンテージとして、ぜひ最大限活かしていただきたい。そんな思いで本書をお届けいたします。

◆第3章　さまざまなスキームが事業承継の本質を見えにくくする

◆第4章　経営者の突然の死～緊急事業承継で起きる問題

◆第5章　医療法人の特殊性が承継を難しくする

第2部　親族承継に光を！

◆第6章　後継者に株を渡す前にすべき、大切なこととは？

◆第7章 事業承継のキーワードは「言い聞かせ」と「思いやり」

◆第8章 「もしも今、急な相続が起きたら」をオープンに語ろう

◆第9章 医療法人の承継にまつわる大きな誤解とその対策

本書で紹介する事例は、著者が見聞きした実例をもとにしていますが、問題点をより明確にするためアレンジを加えています。登場人物の氏名は仮名です。ただし、会社名を明記している事例および著者の実家の事例は除きます。

第1部
親族承継はなぜ難しいのか？

第1章 相続の持ち戻し制度が後継者を苦しめる

株式は贈与してしまえば後継者のもの?

これは、ある2代目の事業承継の事例です。

田中さん(60歳)は、創業者の父親から、20年前に年商5億円、純資産2億円の加工メーカーの会社を引き継ぎました。今では年商10億円、純資産も10億円にまで成長しています。

父親は70歳で会長に退いたとき、専門家から「早めに株式を息子さんに贈与しておきましょう」と勧められました。

会長には田中さんのほかに、2人の娘がいます。

「会長の株式はこれからきっと価値が高まっていくことでしょう。まだ株価が低いうちに、後継者である息子さんに計画的に贈与していかれてはいかがですか？」という顧問税理士のアドバイスに従い、5年をかけて株式の贈与を進めました。

会長にとって、長男は頼もしい存在でしたが、娘さんたちがかわいかったのでしょう。2人の娘たちに株を残せなかった分、名義上、会社の役員に入れ、経営にはほぼノータッチながら、役員報酬として一般の会社員の給料にも劣らない額を渡すことにしました。社長になった田中さんも、そのことを了承していました。

※勤務実態のない役員に対する報酬は、税務上、その損金性を否認される可能性があります。

会長は晩年、株式をすべて長男に生前贈与できたことに安堵し、「やることはやった。あとは会社のことと、妹たちのことを頼む」と田中さんに語ることもあったそうです。そして、会長は90歳で亡くなります。

亡くなった時点での財産は、自宅の土地建物、収益物件、有価証券、預金などを合わせて約3億円でした。母親はすでに亡くなっていたので、田中さんは四十九日の法要を終え、妹2人に「おやじが残した財産を3人で等分に1億円ずつ分けよう」と提案します。

妹たちの反応が気になっていた田中さんは、2人がすんなり受け入れた様子を見て、「財産の相続は難しいと聞いていたが、納得してくれてよかった。おやじがうまくやってくれたおかげだ」と安堵しました。

すると数日後、上の妹から電話がかかってきました。

「おやじも亡くなったし、いつまでも妹たちを会社の役員にしておくのも他の役員の手前、具合が悪い。ちょうどその話をするタイミングだな。退職金をいくらか払ってやればいいかな」と考えをめぐらせながら待ち合わせの喫茶店に入っていくと、中で待っていた妹の隣には、見知らぬ男性が座っていました。

渡された名刺には、弁護士と書かれています。

いったい何事かと驚く田中さんに、妹はこう切り出しました。

「お兄ちゃん、20年前にお父さんから会社の株をもらっているのよね？　その価値を調べたら、今、12億円になっていることがわかったの。私たちも、その株を相続する権利があるらしいじゃない？」

状況が飲みこめずあっけにとられる田中さんに対して、続けて弁護士が、生前に贈与された株も、相続の際には「持ち戻される」ことを説明し始めました。

「いま妹さまのおっしゃった『株を相続する権利』とは、正確な表現とはいえません。お兄さまが20年前にお父さまから贈与された株式も、妹さまにとって遺留分侵害の対象になる可能性があります。この場合、相続時にお父さまが残された財産3億円と、現在12億円の価値がある会社の株式を合わせた15億円をもとに妹さまの遺留分を計算することになりまして、妹さまの遺留分はその6分の1、つまり2億5000万円が妹さまにとっての遺留分となります。したがいまして、残された相続財産の3億円を妹さまお2人で1億5000万円ずつ相続したうえで、遺留分侵害額はそれぞれ1億円ずつ、となります」

「え？　ということは、私は2人の妹に合計で2億円を払わないといけない、ということですか？　父の相続財産を1円も相続できずに」

我に返った田中さんは妹に向き直り、声を荒らげて言いました。

「何を言っているんだ。俺が株をもらったのは20年も前の話だろ？　しかも、おまえたちには毎年役員報酬を渡してきたんだ。おまえたちの生活は、俺が面倒を見てきたようなものだ。それをいまさら、何を言いだすんだ！」

怒りが込み上げ、握ったこぶしがわなわなと震えました。

「寝る間も惜しんで働いて、銀行に頭を下げて借金して、ここまで死にもの狂いで頑張って会社を大きくしたのは、この俺なんだ。なのになぜ、何の苦労もしていないおまえたちに2億円も渡さなきゃならないいんだ！　そんな虫のいい話が通ると思っているのか!!」

弁護士は、静かに答えました。

「まぁまぁ。お兄さまのお気持ちはわかりますが、法律上、妹さんたちの遺留分という権利は非常に強く守られたものなのです」

田中さんの脳裏に、20年前、父親から株を譲り受けたときの記憶がよみがえってきました。

父親は熱心に専門家のアドバイスを聞き、その通りに実行して、「この計画で、おまえが経営に困らないよう株式を譲っていく」と自信ありげに語っていました。さらに、「私の目の黒いうちは、妹たちは役員でいさせてやって欲しい。私が死んだときには、あの子たちにできる限りの退職金を払ってやってくれ」と頼まれていました。

当時の田中さんは、まだ元気な父の死など考えられず、自分の代になって事業は順調だし、何とかなるだろうという気持ちでいたのです。

それが、まさか今になって、2人で2億円という「遺留分侵害額」を妹たちに払わねばならなくなるとは、まったく予想もしていませんでした。

会社は年商10億円まで伸びていたものの、円安や原価の高騰もあり、見通しは明るくありません。もし、妹たちの要求をのんで2億円渡すとなれば、田中さん個人で対応することは不可能です。ならば会社から資金を融通するしかない。しかし、そんなことをすれば会社の資金繰りが圧迫されてしまう。いったい何のためにこれまで業績を上げてきたのか……。

田中さんは、ぼうぜんとして言葉を失ってしまいました。

「贈与税が全額猶予される」と聞いて進めた対策が……

もう一つ、最近あった事例を紹介します。

建設業のA社は年商70億円、地場のゼネコンとして公共事業と一般の工事を半々程度に請け負う、地元を代表する企業です。

2代目社長の佐藤さんは、75歳のときに脳卒中を発症。入院生活の間、「そろそろ息子を頼らないとまずいかな」と承継を決意しました。

退院後、相続が専門の税理士に相談すると、

「社長、株式をご子息に譲るのに、今ちょうど良い制度がありますよ。きちんと手続きさえ踏めば、贈与税ゼロで株式を贈与できます」

という答えが返ってきました。

「それはいい。今のうちの株価はいったいいくらで、贈与したら贈与税はいくら持っていかれるのか、見当もつかなかったんですよ」

佐藤さんは、その税理士の提案に乗ることにしました。

その日以来、佐藤さんは、税理士と後継者の長男を交えた3人で、さまざまな申請手続きを進め、翌年の3月、贈与税ゼロの申告を済ませました。

そして、「これで安心だ。息子も大変だろうが、株式を贈与できたし、事業のことは任せるしかない」と長男にあとを譲ることに決めました。

佐藤さんにはもう一人、長女がいます。

「娘には何を残してやれるかな？　女房の面倒も見てもらわないといけないし、自宅を娘に残すことにしよう」と考え、長男とも相談し、遺言書を準備しました。

まもなく佐藤さんは脳卒中を再発し、「母さんを頼む」と言い残して息を引き取りました。

四十九日の法要も終え、日常を取り戻しかけていた3代目の長男のところへ、例の税理士から連絡が入ります。

「社長、2年前に先代から贈与された株式ですが、そちらを含めて相続の申告をする必要があります。申告の期限はお父さまが亡くなられてから10カ月です。あまり時間はありませんよ」

「え？　そうなんですか？　贈与税ゼロで贈与できて、父も僕も安心していたんですよ。それなのに、相続税の対象になるんですか？」

　3代目は驚いて聞き返しました。

「はい。でも安心してください。きちんと手続きを踏めば、株式には相続税はかかりませんので」

「先生、〝株式には〟ってどういうことですか？」

「このことは贈与の際にもご説明したはずですが……。亡くなられたお父さまは、預金はほとんどおもちではなく、相続財産はご自宅と賃貸経営されていたアパートだけです。遺言書でそれらはご長女に相続させる、としていらっしゃいました」

「そのことは私も納得して、承知しています」

「通常、1億円程度の財産の相続であれば、基礎控除もあり、600万円程度の相続税で済むのですが、ご長女の場合、お兄さまが株式の贈与を受けているために、約5000万円の相続税がかかってしまうんです」

「先生、おっしゃる意味がよくわからないんですが。そんなことになったら、妹はアパートを売るしかないじゃないですか。いや、アパートを売っても足りるかな……。足りなければ自宅も手放さないと。自宅には母もいるんですよ？」

「そこでお兄さまのお力添えが必要になるかと……」

「先生、こんなことになるなんて、2年前にご説明ありましたっけ？」

「私は申し上げたつもりですが、先代も社長も、贈与税ゼロにばかり注目されていらっしゃり……」

　税理士の言葉にカチンときた3代目は、

「話をきちんと聞いていなかった父や私が悪いと言いたいんですか？」

と強い口調で言い返しました。

「いえいえ、けっしてそんなつもりでは……」

「じゃあ、どうしたらいいんですか」

「お母さまと妹さんと社長と、話し合いの場をもっていただきたいのです」

「わかりました。そこで先生から妹にはうまく話してもらえるんですよね？」

「はい、もちろんです」


電話を切ったあと、3代目社長の心はいいようのない不安に覆われていました。

「そうは言っても妹は理解してくれるのか。僕ですら話の意味がよくわからないのに。5000万円なんて税金、僕だって肩代わりしてやることなんてできない。おやじから株式はもらったけど、現金は1円だって相続してないんだから。しかも、母さんはおやじが死んでから様子が変で、この前、もしかしたら認知症かもしれないと妹が言っていたしなぁ……」

2週間後、先代の遺影の前で、社長と妹、税理士が居間で座卓を囲みます。

「母さんは？」

兄の社長が聞くと、

「薬を飲んで寝ているところなの。最近、すっかり様子がおかしくなってしまって、夜に徘徊しだしたりしないか心配で」

と妹が答えました。

「そうか。おまえに母さんのことを任せることになって申し訳ないけど、よろしく頼むよ」

「子どもたちの世話もあるし、私も大変なのよね」

「そうだよな、まだ子どもたち、小さいもんな。今日は母さんにも話を聞いてもらいたかったんだけど、まずはおまえに話を聞いてもらいたくってな。先生、お願いします」

税理士は社長から促され、お父さまはこの自宅とアパートを妹さんに相続させることを遺言に残したこと、価値は約1億円で、税金が約5000万円かかることを説明し始めました。

「あの、全然意味がわからないんですけれども。急に5000万円と言われても……。そんな大金、どうやって払ったらいいんでしょうか？」

案の定、妹はこう聞き返しました。

「僕にもそこがわからないんだ。相続税ってのはおかしな制度だよな」

兄の社長も同調します。

「社長とお嬢さまの相続には、会社の株式が絡んでいるのです」

「先生、そこをきちんと教えてもらいたいんですよ。いったい何が普通の相続と違うって言うんですか？」

「はい。社長が先代から贈与された株式の価値は、約20億円でした」

「20億円!?」

2人は驚いて声を上げました。

「20億円もの株式を贈与すれば、本来は10億円を超える贈与税が発生します。そこで、贈与税が高すぎて後継者になかなか株式を贈与できない経営者のために、国が2018年から贈与税を全額猶予する制度を始めたのです。先代のお父さまは、その制度を2年前に利用されて、社長は株式の贈与を受けられました。しかし、この制度は免除ではなく〝猶予〟です。贈与税の猶予は先代の死亡時に免除されるのですが、今度は相続税に切り替わって、約10億円の相続税の猶予を受けることができる、という制度なのです」

「先生、そこまでは何とか理解できます。それで、なぜ妹にかかる税金が600万円から5000万円に跳ね上がるんでしょうか？」

「そこの説明が難しいのですが、本来、先代が残した財産は、贈与した株式20億円も相続財産に含めまして、ご自宅とアパートの1億円を合わせて21億円と計算されます。21億円にかかる相続税は約9億2000万円です。ここまではよろしいでしょうか？」

「大きな財産には高い税金がかかるわけですよね」

「はい。そして、株式20億円にかかる税金は約8億7000万円となります。この8億7000万円は猶予の対象になりまして、社長にかかるはずの相続税は猶予されることになるのです」

妹はチラッと兄を見やり、

「兄はそうなのですね。で、私は？」

と次の言葉を促します。

「はい。妹さんには約1億円の相続財産に対する税金がかかるのですが、それが全体にかかる9億2000万円から、猶予される8億7000万円を差し引くと5000万円。つまり、5000万円が妹さんにかかる税金となるのです」

それまで冷静に話を聞いていた妹の表情が一変しました。

「そんな大事なこと、父と兄の間の話し合いだけで決めてしまったのですか？私にかかる税金が10倍近くになってしまう話なのに。しかも兄だけ税金がかからないって、おかしくないですか!?」

「確かに。このことは先代と社長には2年前にお伝えしたつもりですし、株式の贈与契約は、あげる側である先代と、もらう側である社長の両者の間だけで成り立つものですので、違法性はないかと」

「違法性はないなんて、当たり前じゃないですか！　全然納得できないし、だったら私、自宅もアパートも相続なんてしたくない！」

「まぁまぁ。ちょっと落ち着こうよ」

　社長は妹をなだめて言いました。

「……そうよね。冷静にならないとね。これまで会社のことはお父さんとお兄ちゃんに任せてきたからね。私も少しは勉強しないと。自分で自分の身を守らないといけないってことが今日わかったわ。夫とも相談して、相続とか会社の株のこととか、勉強してみる」


　1カ月後、今度は妹の配偶者も加わって、社長と税理士と4人の話し合いになりました。

「兄さん、前回の話し合いで税金が5000万円になることも大変だと思ったけど、もっと大事なことがわかったの」

「なんだい、それは？」

「私には遺留分という権利があるらしいじゃない。あなた、お願い」

そこで妹の配偶者が口を開きました。

「お義兄さん、妻からこのことは私から言ってくれと言われまして。私からも申し上げにくいことではあるのですが……、先代のお義父さんからお義兄さんに贈与された会社の株式は、贈与の時点でいくらだったのかは、この際問題ではないようなのです。今、相続の時点で、どれだけの価値があるのかが問題になるようです」

「ごめん、意味がよくわからないな」

「はい。私も妻に相談されて、私なりに勉強してみたのです。前回の話し合いで税理士さんのおっしゃっていた『株式の価値20億円』は、あくまでも贈与の際の税務上の評価のようなのです。相続の際に、きょうだいが遺留分を侵害されたかどうかは、相続の時点での評価で計算されて、これは税務上の評価とは関係がなく、計算方法によっては、お義兄さんの会社の株価評価は40億円にもなる可能性があるようです」

「先生、義弟の言っていることは本当なんですか？」

社長は税理士に問いただしました。

「私は税理士で、相続の法律の専門家は弁護士さんになるのですが、確かに妹さんの旦那さまのおっしゃる通りかと……」

「だとすると、妹の遺留分は、4分の1の半分、つまり8分の1になる。41億円の8分の1ということは、5億円超、相続した分を差し引くと、4億円超ってことですか？」

「そのようになるかと」

「いやいや、そんな大事な話をおやじが亡くなってから聞かされるって、どういうことなんですか？　僕は現金は1円も相続できていませんよ。4億円も、払えるはずないじゃないですか！」

「遺留分については、詳しくは弁護士さんに確認されたほうがいいと思います」

「遺留分って言葉は僕も知っていましたけど。わざわざ先生が勧めた制度を使っていろいろな資料を準備して、おやじの生前にきちんと手続きを進めた財産ですよ？　それも遺留分の対象になるって、先生、そんな話、聞いていませんよ！」

「……………」

遺留分が後継者の受難を引き起こす

ここまで二つの事例を見ていただきました。

二つの事例には共通していることがあります。それは、遺留分、特に「持ち戻し」に対する当事者の理解不足です。

法律が複雑ですので無理もないこととも言えますが、二つ目の佐藤さんの例のように、税理士の事前説明に対する理解不足が、問題を大きくする要因になっている場合も少なくはないようです。

まず、遺留分とは何かを解説しましょう。

遺留分とは、兄弟姉妹以外の法定相続人に保障されている最低限遺産を取得できる権利のことです。遺留分を侵害された場合、他の相続人に不足分を金銭で請求することが可能になります。

相続財産に対する遺留分の割合は、次の通りです。

遺留分の割合

①配偶者のみが相続人の場合　2分の1
②子ども（直系卑属）のみが相続人の場合　2分の1
③父母（直系尊属）のみが相続人の場合　3分の1
④兄弟姉妹のみが相続人の場合　遺留分なし
⑤配偶者と子ども（直系卑属）が相続人の場合　配偶者が4分の1、子どもが4分の1

⑥配偶者と父母（直系尊属）が相続人の場合　配偶者が3分の1、父母（直系尊属）が6分の1
⑦配偶者と兄弟姉妹が相続人の場合　配偶者が2分の1、兄弟姉妹は遺留分なし
※同順位の相続人が複数いる場合、例えば⑤で子どもが3名の場合、子の遺留分4分の1を3名で分けることになるので、子ども1名あたりの遺留分は4分の1×3分の1＝12分の1ずつになります。

事業承継で遺留分が思わぬトラブルを招くのは、先代から後継者への株式の生前贈与が、遺留分の計算に含まれてしまうからです。

後継者の立場からすれば、先代から贈与された株式は、「相続の前にもらったものだから自分のものだ」「相続とは関係ない」と思いがちですが、ここが勘違いしやすいポイントです。

株式の贈与は、先代経営者と後継者の間で行われます。あげる人ともらう人が合意すれば、贈与は成立してしまいます。しかし、その後、先代が亡くなり相続を迎えたとき

図１：遺留分の計算には相続時の財産だけではなく、生前贈与も合算される

遺留分の計算には、相続時の財産だけでなく、相続人に対して生前に贈与された財産も合算されます

被相続人が
相続開始時において
有していた財産

＋

生前贈与された財産
（相続開始時を基準に評価）

遺留分を算定するための財産の価額
＝（相続時における被相続人の積極財産の額）
＋（相続人に対する生前贈与の額〔原則 10 年以内〕）
＋（第三者に対する生前贈与の額〔原則１年以内〕）
－（被相続人の債務の額）

遺留分算定基礎財産

×個々の相続人の法定相続分× 1/2

に、遺留分の問題が噴出するのです。

佐藤さんの長女のように、父と兄の話し合いをまったく知らないケースはよくあることでしょう。

会社を継がない「非後継者」であるきょうだいにとっては、父親と後継者との間で大事なことが決まっていくのを横目で見ながら、蚊帳の外におかれた気持ちになります。

「兄さんだけお父さんといろいろやっている」

「私もお父さんの子どもなんだから、同じ権利があるはずなのに……」

きょうだいがそんな気持ちを抱え

たまま、年老いた両親の身の回りの世話をしていたとすれば、相続を迎えたとき、どんな思いが出てくるでしょうか。

「兄さんだけ株式（財産）をもらえたのは不公平」という不満があらわになり、法律が、「私だけ報われていない」といった心情を後押しすることになるのです。

親の立場としては、「うちの子どもたちに限ってもめることはないだろう」「妹は兄のことを支えてくれるだろう」「兄は妹を世話してくれるだろう」と思っています。そして、〝だろうだろう〟で時はすぎ、そのうちに体力も意思能力も衰えて、具体的な対策をとることなく相続を迎えることになります。

実際に、遺留分の問題に発展してしまったきょうだいは、金銭的に問題を解決したのち、関係性が悪化してしまうことがほとんどのようです。それはとても悲しいことです。

「持ち戻し」は、このような〝後継者の受難を引き起こしてしまう法律〟ともいえるのです。

事業承継税制の「特例措置」が落とし穴にはまる原因に

次に、事業承継を語るうえで欠かせない「経営承継円滑化法」について、押さえておきましょう。

この法律は、２００８年に中小企業の事業承継を円滑にするために成立しました。背景には少子高齢化が進み、経営者も高齢化し、後継者がなかなか定まらない中小企業が増えてきたことがあります。後継者がいないために黒字廃業してしまうケースが増えてしまえば、多くの雇用が失われることになります。そのような現状を憂慮した国が、中小企業の承継を後押しする施策が必要と判断し、「経営承継円滑化法」が生まれました。

経営承継円滑化法は、次のページにある図２のように四つの柱から構成されています。中でも事業承継税制（納税猶予制度）は、皆さんにもよく知られているものでしょう。

２００９年にスタートした事業承継税制は、要件が厳しかったためになかなか活用が

図２：経営承継円滑化法の概要

事業承継に伴う税負担の軽減や民法上の遺留分への対応をはじめとする事業承継円滑化のための総合的支援策を講ずる「中小企業における経営の承継の円滑化に関する法律」が平成２０年５月に成立。

1．事業承継税制

◇事業承継に伴う税負担を軽減する特例を措置

①非上場株式等に係る贈与税・相続税の納税猶予制度

都道府県知事の認定を受けた非上場中小企業の株式等の贈与又は相続等に係る贈与税・相続税の納税を猶予又は免除

②個人の事業用資産に係る贈与税・相続税の納税猶予制度

都道府県知事の認定を受けた個人事業主の事業用資産の贈与又は相続等に係る贈与税・相続税の納税を猶予又は免除

4．所在不明株主に関する会社法の特例

◇都道府県知事の認定を受けること及び所要の手続を経ることを前提に、所在不明株主からの株式買取り等に要する期間を短縮する特例を新設 **【令和３年８月施行】**

・会社法上、株式会社は、株主に対して行う通知等が「5年」以上 継続して到達しない等の場合、当該株主（所在不明株主）の有する株式の買取り等の手続が可能

・本特例によりこの**「5年」を「1年」に短縮**

事業承継の円滑化

↓

地域経済と雇用を支える中小企業の事業活動の継続

2．遺留分に関する民法の特例

◇後継者が、遺留分権利者全員との合意及び所要の手続を経ることを前提に、遺留分に関する以下の特例を措置

①生前贈与株式等・事業用資産の価額を除外（除外合意）

◉生前贈与した株式等（※会社）・事業用資産（※個人事業）の価額が、遺留分を算定するための財産の価額から除外されるため、相続後の遺留分侵害額請求を未然に防止

②生前贈与株式等の評価額を予め固定（固定合意）

◉後継者の貢献による株式等価値の上昇分が、遺留分を算定するための財産の価額に含まれないため、後継者の経営意欲を阻害しない（※個人事業は利用不可）

3．金融支援

◇事業承継の際に必要となる資金について、都道府県知事の認定を受けることを前提に、融資と信用保証の特例を措置

①株式会社日本政策金融公庫法及び沖縄振興開発金融公庫法の特例（融資）

対象：中小企業者の代表者（※）、事業を営んでいない個人

②中小企業信用保険法の特例（信用保証）

対象：中小企業者及びその代表者（※）、事業を営んでいない個人

※中小企業者［会社］の代表者

◉事業承継に伴う幅広い資金ニーズに対応（M&Aにより他社の株式や事業用資産を買い取るための資金等も含む）

（出典）中小企業庁「経営承継円滑化法の概要」
（2023年2月15日アクセス https://www.chusho.meti.go.jp/zaimu/shoukei/shoukei_enkatsu/gaiyou.pdf）

進みませんでした。そこで、2018年に「特例措置」が10年間限定で創設され、株式を後継者に贈与した際に〝贈与税の全額が猶予される〟制度となりました。

相続の際に猶予された贈与税は免除となり、相続税の計算において相続税が全額猶予される。これが特例措置です。この制度をうまく活用すれば税務的・財務的にメリットは大きいのですが、実はここに落とし穴が生まれやすくなります。

二つ目の事例、佐藤さんのA社は、この制度を活用したのでした。

20億円の株式を贈与すれば、約4億円（相続時精算課税併用。次ページの用語解説参照）の贈与税が課されますが、これが相続時にまで全額猶予されるのです。

4億円の贈与税を後継者が準備することは非常にハードルが高いので、猶予されることは大きなメリットといえます。しかし、このときに、将来の相続の際には、株をもらっていないきょうだいの遺留分を侵害することが〝ほぼ確定〟してしまいます。

社長と後継者は、事業承継税制の活用のために、さまざまな書類を整えて、専門家にフィーも払い、手続きを進めて「対策ができた！」と思っています。

図3：用語解説～相続時精算課税

60歳以上の父母または祖父母から18歳以上の子・孫への生前贈与について、子・孫の選択により利用できる制度

【暦年贈与との対比】	暦年贈与	相続時精算課税
贈与税の計算	（贈与額-110万円）×累進税率 累進税率は 10～55%の8段階	（贈与額-2500万円）×20% （一定）
贈与の条件	だれにでも	60歳以上の父母または祖父母から18歳以上の子・孫への贈与 ※年齢は贈与の年の1月1日現在の満年齢
相続税との関係	相続税とは切り離して計算 （相続開始前3年以内の贈与は相続税の課税価格に加算）	相続税の計算時に贈与税は精算される。精算時の贈与財産の評価は贈与時の時価
贈与税の納税	暦年単位で計算し納税 暦年とは、その年の1月1日～12月31日	特別控除2,500万円を超えた贈与時ごとに納税し、相続時に精算
制度の移行	暦年贈与から精算課税への移行は可能	相続時精算課税制度を選択した後での暦年贈与への移行は不可能

しかし、実は煩雑な手続きを頑張った分だけ、大きな落とし穴を自ら掘ってしまっていたことを知らされるのは、相続のときです。それは10年後、20年後のこと。ですから、この問題はなかなか気づきづらいのです。

２０１８年の民法改正で何が変わったのか？

「遺留分に関する法律が、相続を複雑にしている」という問題意識は、かねてより事業承継、株式の承継以外の場面でも広くありました。そのため、２０１８年の民法改正で、遺留分制度は大きく変更されました（施行は２０１９年7月1日）。

まず、遺留分を侵害された相続人は、被相続人（亡くなった方）から多額の遺贈または贈与を受けた者に対して、遺留分侵害に相当する額を金銭で請求することになりました。そして、「遺留分を算定するための財産の価額」は以下のようになりました。

遺留分を算定するための財産の価額＝（相続時における被相続人の積極財産の額）＋（相続人に対する生前贈与の額（原則10年以内））＋（第三者に対する生前

贈与の額（原則1年以内））－（被相続人の債務の額）

ここでいう「原則10年以内」とは、例えば「兄は医学部に行って高額な教育費をかけてもらったが、私は全然かけてもらっていない」というような、20年、30年前のお金の偏りについては持ち出さないようにしましょう、ということです。

しかし、「贈与の当事者双方が遺留分権利者に損害を加えることを知って行った贈与」はこの限りではなく、無制限にさかのぼる、とされています。

ですから、法律の改正からまだ日が浅いため一概にはいえませんが、先代から後継者への株式の贈与から10年以上が経過していた場合でも、「事情によっては、相続の際には持ち戻される可能性がある」と考えておくほうが無難と考えられます。

経営者の財産が株式に集中してしまう理由

佐藤さんの事例のように、「経営者の財産の8割以上が自社株式である」というケースはよく見受けられます。

株式をすべて後継者に渡せば、残る2割の株式以外の財産を他のきょうだいで分けることになったときに、遺留分侵害が起きてしまいます。3人きょうだいで配偶者がいなければ、非後継者2人の遺留分は3分の1の半分で、6分の1ずつ。2人合わせて3分の1。それなのに8割以上の財産が後継者のものになってしまうからです。

後継者は後継者で、株式以外の財産（特に現金）を相続しづらくなり、納税資金に困ることになります。

ではなぜ、経営者の財産は、ほとんどが株式に集中してしまうのでしょうか？

それは「経営者心理」と呼べるもののせいかもしれません。

図4：会社経営者の財産は、株式に集中しがち

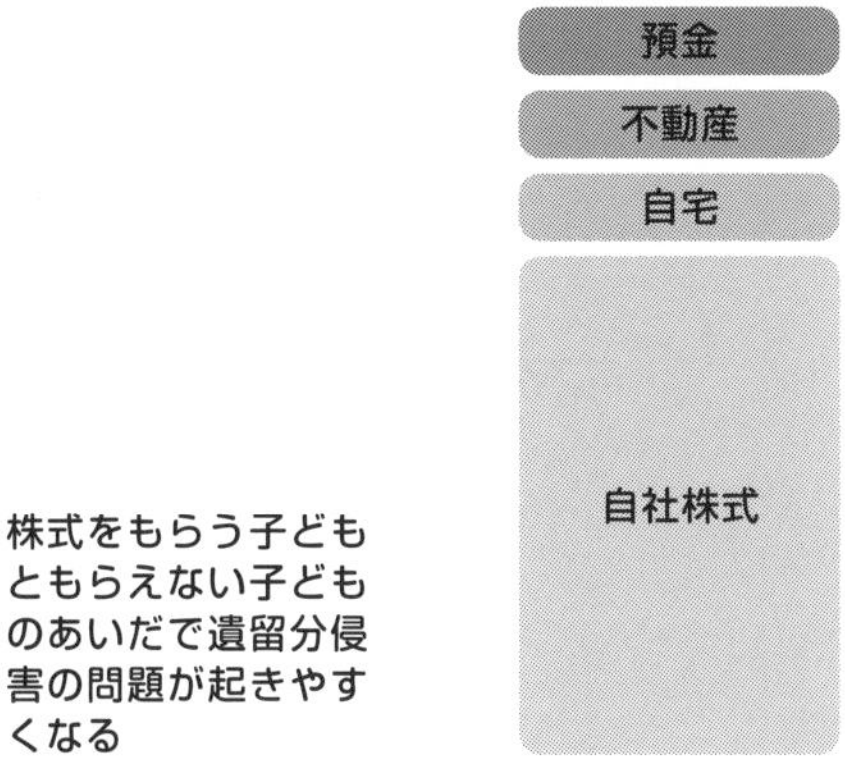

どんなに事業を伸ばしている経営者でも、不測の事態に備えて内部留保は厚くしていきたいものではないでしょうか。さらに、所得税・住民税の最高税率が55％であることも、給与を多くとるより会社に残そうというインセンティブが働きやすいといえます。そのため、結果的に株価の上昇につながり、相続の際にドンと課税されることになります。それが税の対策に目が行きすぎることにつながり、遺留分の問題を見えづらくしてしまっているのです。

事業にタッチしない子の立場からは、経営者としての親の苦労は見えないものですが、株式はその他の財産と同様に、非後継者にとっても相続の対象です。

それなのに、佐藤さんの相続のように、後継者の兄にかかる税金だけが優遇されて、非後継者の妹にかかる税金は高くなったように見えてしまえば、当然、非後継者の気持ちを逆なですることになります。

この二つの事例から、親族承継の難しさをおわかりいただけたものと思います。

現在、まさに対策を実行中の方にとっても、ハッとする場面があったのではないでしょうか？

第2章

「たわけ者」とは田んぼを分けた人のこと

4代目で株式が一族40人にまで分散

代々続く企業には、創業家一族の中で株式が分散しているケースが多く見受けられます。そのことが、事業承継を難しくする原因となる場合があります。

実際にどんな問題が起こってしまうのか、この章では三つの事例からお話したいと思います。

一つ目は昭和7年創業の製造業B社の事例です。

創業者は戦後に会社を株式会社にし、60歳で亡くなりました。このとき妻（55歳）は、自分が40％、長男と次男に15％ずつ、3人の娘たちに10％ずつ相続させることにしました。

2代目を継いだ長男は3人の子どもを残し、45歳で早世。次男が43歳で3代目社長となりました。時代も高度成長期で、次男は会社を成長させ、現在の会社の礎を築きました。

創業者の妻は、役員として会社を支えながら、母として5人の子どもたちをまとめ、亡くなった長男の子どもたちの面倒を見ていましたが、90歳で亡くなります。

その時点での家族構成と持株比率は次のページにある図5の通りです。

図5：創業者妻の相続前後の家系図と持株割合

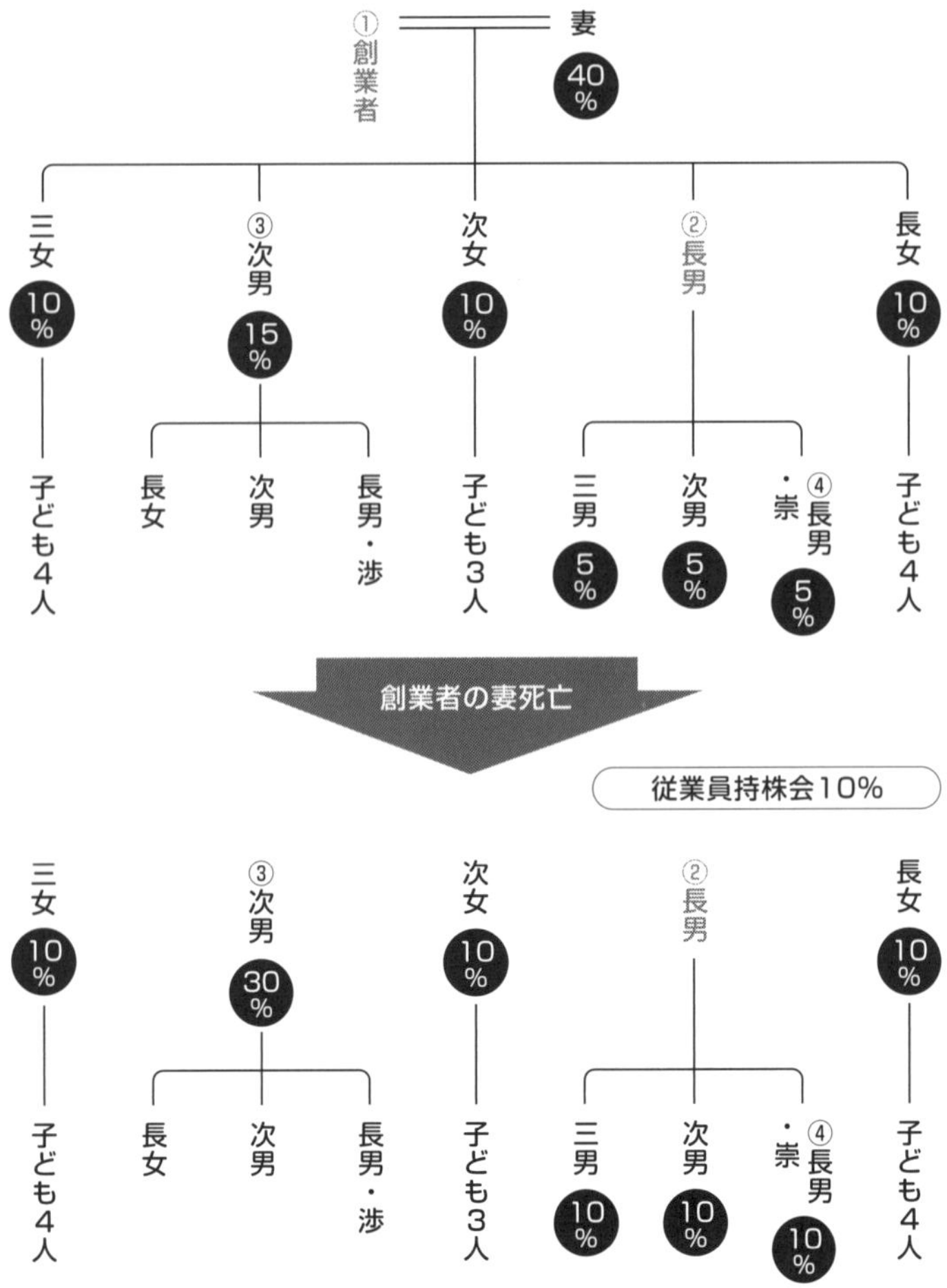

図6：第3、第4世代で株主が40人に分散

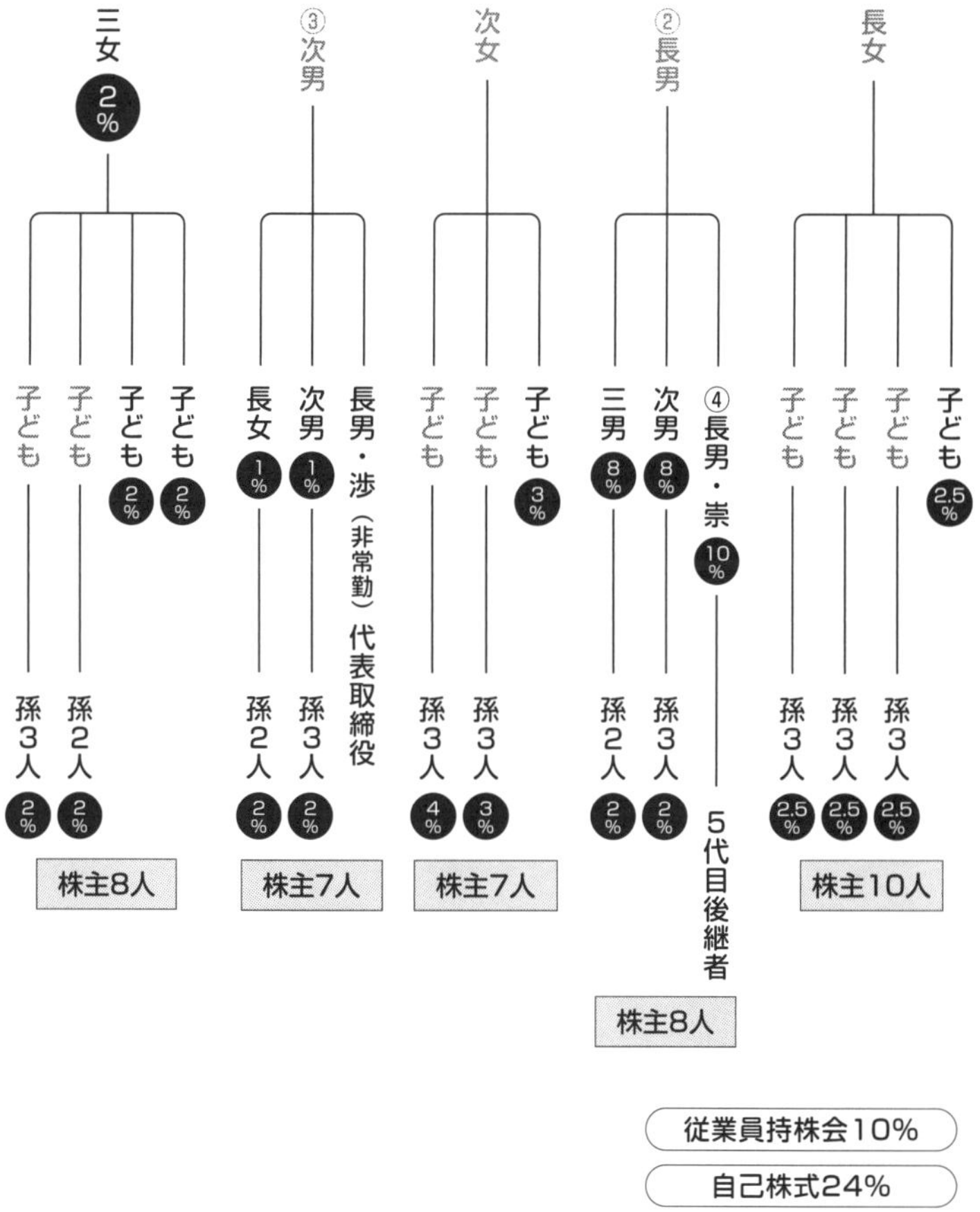

3代目社長はその後、会長となり、兄の息子、崇に跡を譲りました。自身の息子、渉は画家になり、事業にはいっさい興味がありません。会長は30％の株式を保有したまま89歳で亡くなりました。

会長の子どもたちは事業にタッチしていないため、株式を相続するよりも会社に一部売却することを望みました。自己株取得は会社にとっては大きなキャッシュアウトとなり、事業は順調ながらも資金繰りは傷みました。

会長の相続から4年がたった現在の一族の持株割合は、前ページにある図6のように40人にまで分散していました。

このコロナ禍でB社は2021年、創業以来初の赤字決算となりました。社長の崇氏はさまざまなコストカットを進め、私（石渡）から加入していた生命保険も解約されましたが、それでも赤字決算は避けられませんでした。

しかし、そこをチャンスと捉えた社長は「これを機に、分散した株式を買い集めよう」と決断したのです。

「今度の株主総会は、いつもシビアな質問をしてくる叔母さんたちはもっと厳しい目を向けてくるだろう。いつも総会前は胃が痛いが、できれば5代目にはこんな思いはさせたくない……」

40名の株主のうち、17名は電話と郵送で売却に応じてくれました。さらに、簡単には売却に応じてくれない株主のところへは直接出向くなどして、ようやく15名まで株主は絞られたのでした。

案の定、赤字決算での株主総会は、針のむしろとなりました。

赤字決算は本当に避けられなかったのか？　今期はどうなるのか？　社長としてどんな対策を打っているのか？

叔母やいとこたちから集中砲火を浴び、「これまでは黒字だったから言わなかったけれど、株主として会社の帳簿をチェックさせてもらわないといけないわね」と3番目の叔母が言いだす始末。

「おいおい、そこまで言うなら、あんたが社長をやってみてくれよ！」とは喉元まで出かかっても、それだけは絶対に口に出せません。

「じいさんとばあさんで興してくれたこの会社、叔父さんがいなかったらここまで大きくなってはいなかった。だからといって、こんな株主構成で、しかもこのコロナ禍で配当出せってのはあまりに酷だよ。なぁ父さん……」

崇氏は天を仰がずにはいられませんでした。

優良企業ほど、田分けが起きやすい

B社のように、株式が40人にまで分散するケースはまれかもしれませんが、3代目4代目となると、株式の分散に頭を悩ます経営者は少なくありません。

B社は高度成長期に事業を拡大し、その後も安定的に利益を積み重ねてきた優良企業。

そんな企業の株式こそ分散しやすいのです。それはなぜでしょうか？

株式は、保有する人にとっての財産であり、優良企業であるならば、相続人にとって相続したい財産といえるからです。一方で、株式は会社のかじ取りをするうえで重要な「議決権」の側面をもちます。

しかし、親の立場からすると、自分の財産は子どもたちの間で大きな差をつけずに残してやりたい、という気持ちになるものです。そして、戦後にできた法律（会社を継ぐ子も継がない子も、同じだけの相続権をもつ）が、その感情を後押しします。ここが、本章のポイントになります。

皆さん、「たわけ」という言葉をご存じでしょう。時代劇でお殿さまが家臣に対して「たわけ！」とか「たわけ者！」とか叫ぶシーンの、あれです。

諸説あるようですが、鎌倉時代から使われるようになった、「田分け」が語源だという説もあります。

田畑を所有する武士に子どもが3人いたとすると、良い田畑であればあるほど子ども

図７：子どもたちに均等に田分けした場合の末路〜なぜ、相続でもめるのか？

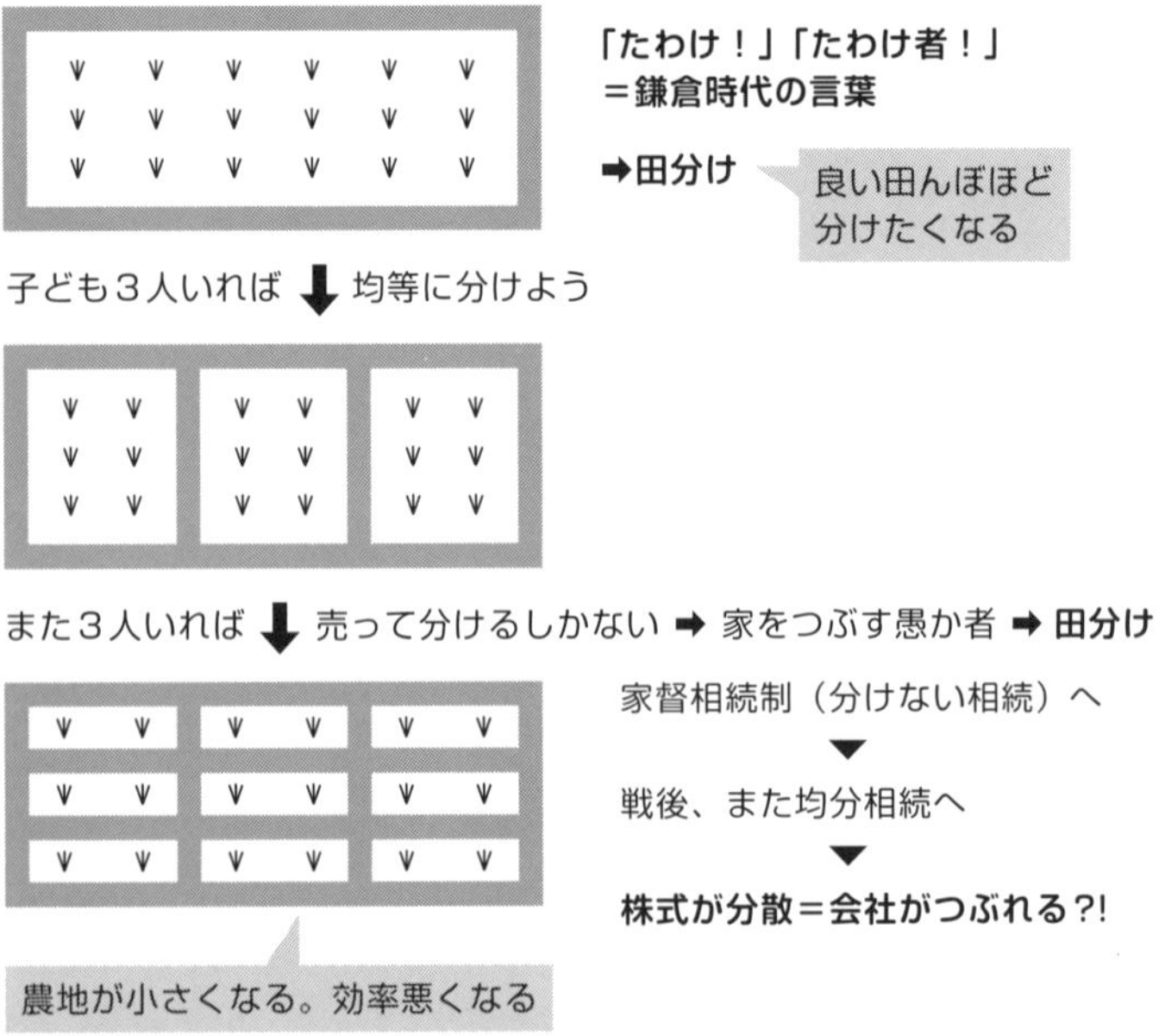
「たわけ！」「たわけ者！」
＝鎌倉時代の言葉
➡田分け
良い田んぼほど
分けたくなる
子ども３人いれば
均等に分けよう
また３人いれば
売って分けるしかない ➡ 家をつぶす愚か者 ➡ 田分け
家督相続制（分けない相続）へ
戦後、また均分相続へ
株式が分散＝会社がつぶれる?!
農地が小さくなる。効率悪くなる

戦後の民法が「もめる相続」を生んでいる?!

たちは欲しくなりますし、親も均等に譲ってやりたいと思います。３人の子どもにそれぞれ子どもが３人ずついれば、田畑は孫の代で上の図７のように９分の１になります。

始めは耕作効率の良い田畑だったのが、２代３代と分けられていくうちに、どんどん小さく、効率の悪い田畑になっていきます。そうなると、「こんな小さな田んぼはいらない。俺には金で分けてくれ」という子どもが現れることは、想像に難くないでしょう。そこへ関係のない第三者（親戚など）が入ってくれば、もっと耕作はしづらくなります。奪い合いの結果、ついには田畑を手放さざるを得なくなり、家をつぶしてしまうこともあったようです。そんな者のことを「たわけ者」と呼ぶようになったというのです。

その後、室町時代、戦国時代を経て江戸時代になるころ、日本社会に「分けない相続」が定着します。長男が家の財産をすべて引き継ぎ、他のきょうだいは家を出るか、家に残って兄を助けるかのいずれかを選びました。このような社会になったおかげで、日本には２００年、３００年と続く企業が多く生まれるようになりました。

ところが戦後、民法が改正され、日本社会はまた「分ける相続」に逆戻りすることになったのです。

第1章に出てきた「遺留分制度」も、戦前は「後継者の財産を守るため」の制度でした。家に受け継がれる事業用資産（家や田畑、商売の道具など）を、後継者でない者が相続することになってしまうと後継者が困るので、後継者の相続財産は半分を下まわってはならない、とされていました。それが、戦後の民法になって「何ももらえなくなる相続人を救う制度」に変わってしまったのです。

第1章の「持ち戻し」のルールも後継者にとっての受難といえますが、戦後の「遺留分制度の転換」も後継者の受難といえるでしょう。

なお、遺留分の歴史的経緯については、税理士・公認会計士・弁護士である関根 稔著『相続の話をしよう』（財経詳報社刊）の「17 遺留分の趣旨」をご参照ください。

3分の2超の株式を持っているのに決議が無効に？

二つ目は、戦後まもなく創業した会社の事例です。

化学薬品製造卸業C社の2代目社長の高橋さん70歳には、65歳の妹がいます。

図8：高橋さんの家族構成と持株比率

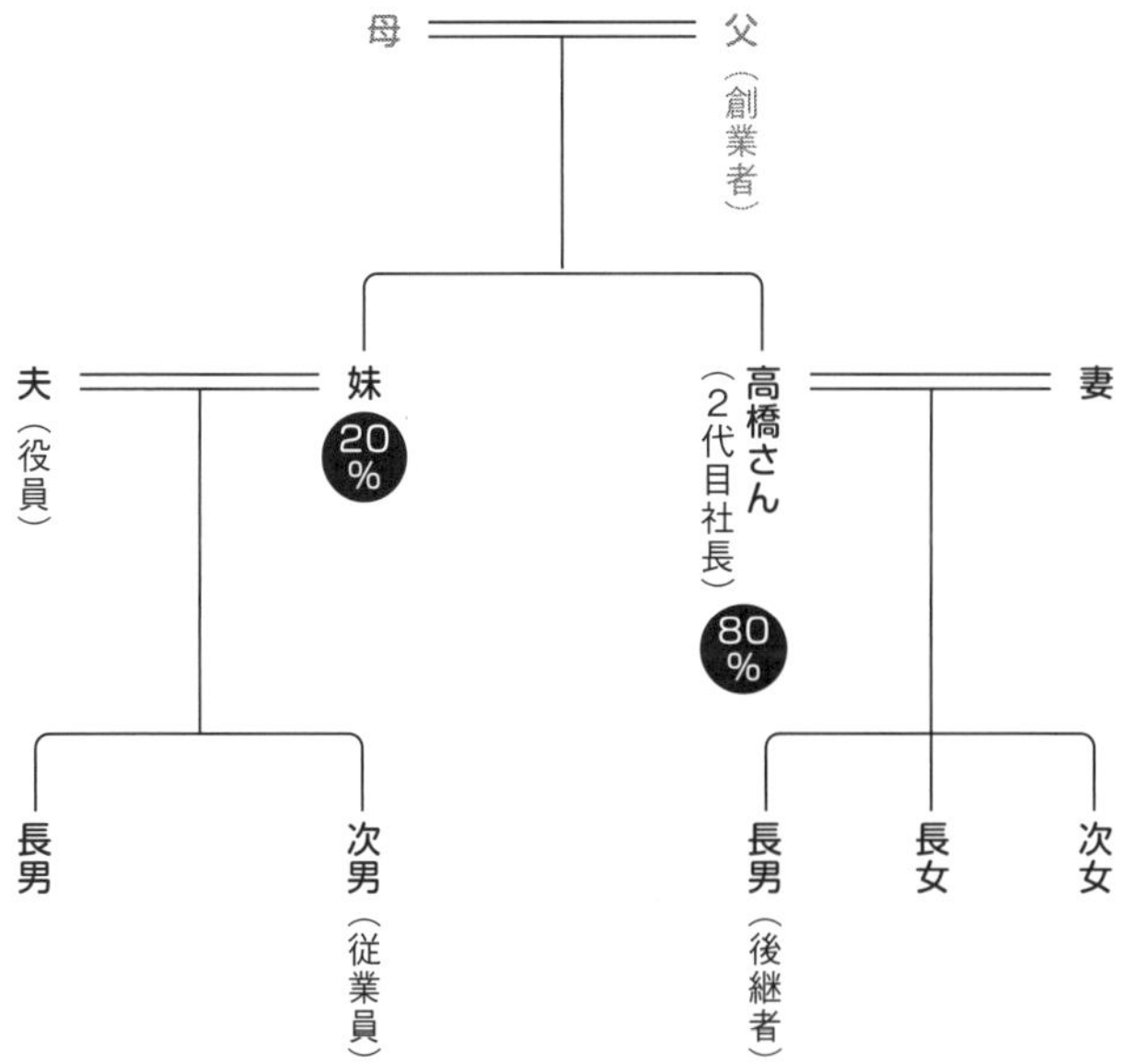

先代の創業者は妹には事業にタッチさせませんでしたが、株式を20％渡していました。高橋さんは、社長として、妹にきちんと配当を出し続けていました。さらに、妹の夫を役員に迎え入れており、その次男、つまり高橋さんの息子のいとこを入社させていました。家族構成や持株比率は上の図8の通りです。

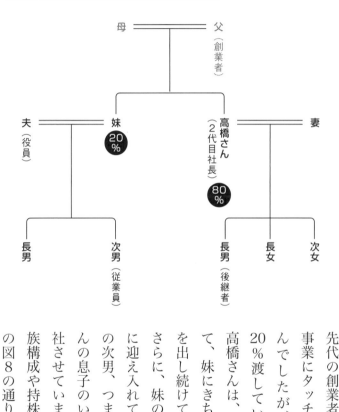

高橋さんは、先代から本業を引き継ぐだけでなく、不動産事業も引き継いでいました。こちらは先代の資本ではなく、高橋さんが2代目として会社に入ったころから、高橋さんが出資した別会社D社で伸ばしてきた事業です。

本業に専念する創業者を、高橋さんは工場用地・建物の取得、本社ビルの建設など、不動産の面でサポートしてきました。創業者が「2代目としていずれ金が必要になる」と見越してのことで、高橋さんは本業よりも不動産事業から多くの収入を得て、それを事業の承継資金として備えていました。先代が亡くなったときには、その資金が相続税の支払いに役立てられました。高橋さんは高い生産力と営業力を活かして本業を伸ばしつつ、並行してホテルや民泊事業など、不動産事業についても拡大路線を成功させてきたのでした。

高橋さんは70歳になって、考えました。

私の財産はC社とD社の株式にほぼ集中している。C社は私の代では何とかうまくやってこられたが、息子が同じようにやれるかどうか、悩ましい。50人いる社員をまとめきれるだろうか？

そんな高橋さんに、ロータリー仲間の後藤さんがアドバイスをしてくれました。

「高橋さん、納税猶予って知っていますか？　うちは息子に株式を全部譲っちまいましたよ。だって贈与税がゼロだって税理士が言うもんですからね」

「後藤さんのところはいいですねぇ。息子さんがしっかりしておられて。うちはまだちょっと……」

「高橋さん、どこも息子は頼りなく見えるものですよ。私たちとは時代も違うし。ドーンと任せてみたらどうですか？」

後藤さんのアドバイスは頭ではわかるものの、高橋さんはなかなか腹を決められずにいました。

――本当に長男にC社の株を今渡してしまっていいものか？　M＆A（企業の合併・買収）も流行ってきているようだし、第三者に株式を売却して娘たちと3人均等に分ける選択肢も残しておきたいな。D社は100％私の会社で、社員はほぼゼロで不動産を中心に安定した収益を生んでくれる会社になったし、子どもたち3人に均等に株を贈与して、あとは3人でうまくやってもらおう——。

顧問税理士は高橋さんのアイデアに同調し、3人の子どもたちへD社株式の生前贈与の手続きを進めようとしていました。

そこに現れたのが、メインバンクの担当者です。

「社長、事業承継を本気でお考えなのですね！　ぜひ当行にもお手伝いさせてください！」

いつもよりもなぜか元気のいい担当者に高橋さんはたずねました。

「銀行さんに何ができるの？」

「はい。銀行もこの超低金利の中、ただお金を貸し出しさせていただいて、利息を頂戴するだけでは商売も左前でして。事業承継の専門家をご紹介しまして、コンサルティングをさせていただいております」

そして、1週間後、銀行の担当者は40代くらいの男性を連れてきました。差し出された名刺には「〇〇コンサルティング株式会社　事業承継事業部部長税理士」と書かれています。

「税理士さんなんですか?」

高橋さんがたずねると、

「はい。税理士にも、毎年の法人税の申告をお手伝いする顧問税理士の仕事をする者と、私のように資産税を専門にして、顧問先はもたずにコンサルティングにだけ携わる者とに分かれるのです」

と答えました。

「税理士といえば、うちの顧問の先生のことしか知らなかったけど、いろんな方がいるものなんですね」

前期の決算書などをもとに、いくつかヒアリングをして帰っていったそのコンサルタントから、2週間後に上がってきた提案に、高橋さんは目を見張りました。

「専門用語はよくわからないけど、C社とD社の株価が高くなってきているのを、これから先は抑えられるのですね？」

「そうです。『株式交換』という組織再編の手法を使えば、社長がおもちの株価を低く抑えることが可能です」

高橋さんは思いました。

——C社本体の株式を息子に渡すかどうかはまだ決められない。この提案に乗れば株価を抑えられるのはありがたい。コンサルティングの費用は少々高い気もするが、株価対策になるならやってみようか——。

C社とD社の決算がまとまったころ、顧問税理士にも協力してもらい、銀行が紹介してきたコンサルティングの税理士とともに株式交換の手続きを進めたのでした。


事件が起きたのはその1カ月後、妹からの電話でした。

「兄さん、顧問の先生から聞いたわよ。私に何の断りもなく、ひどいわ！」

「おいおい、どうしたんだい？」

「どうもこうも、私はC社の株主だったのに、なぜいきなり兄さんがつくったD社の株主にさせられてしまったのよ。C社はお父さんが興した会社で、私はC社の株をお父さんからいただいたのよ。私の息子も後継者の一人だし、C社の株とD社の株が交換って、どういうことなのか全然わからないわ」

「ああ、そのことか。株価対策なんだよ。わかってくれよ」

「私はわからないし、20％の株主として抗議するわ」

「抗議ってどういうことだい。株は俺が80％もっているから、もう手続きは進んでいるんだ」

「私、弁護士さんにも確認したのよ。私、株主総会に呼ばれていないわ。この場合、兄さんが勝手に進めた株主総会での決定は、株主総会がそもそもなかったことになって、決定は当然無効になるって話よ」

妹の思わぬ抵抗に驚いていると、妹はさらに、こうたたみかけてきました。

「仮によ、兄さん。D社がC社の親会社になるって話なら、私の夫や息子をD社に入れてもらって、D社からもしっかりとお給料を払ってもらいたいわ」

「おいおい、それとこれとは関係ないだろ」

「それなら、今回の株価対策とやらには私は反対します」

図９：C社とD社の株式交換後の出資関係

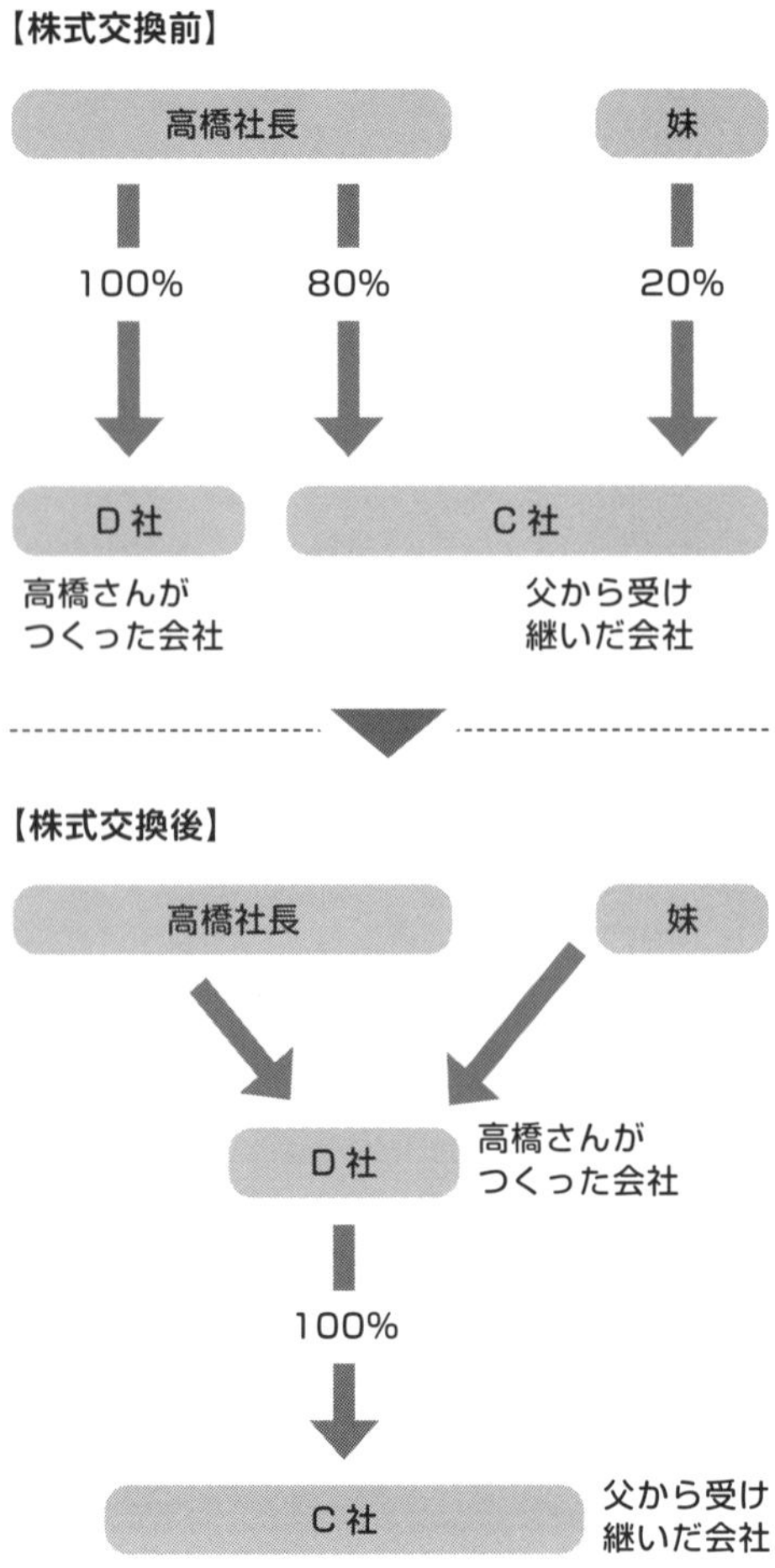

兄が8割の株式をもっているのに株主総会での決定が無効になる？

妹に責め立てられて狼狽する高橋さん。いったい、何が起きたのでしょうか？
銀行員が連れてきたコンサルタントの提案は、株式交換という手法を使って、C社とD社を親子会社にするものでした。株式交換に関する詳細な説明は本書では省きますが、この手続きによって、54ページの図9のように、D社がC社を100％支配する状態に変わります。

高橋さんは、C社株式とD社株式をもつ状態から、D社株式だけをもつ状態に変わるのです。結果、高橋さんの保有財産は税務上の株価評価としては抑制されることになります。同時に、妹のC社株式はD社株式に交換されます。

この手続きは、株主総会の特別決議という手続きを踏む必要があり、C社株式の80％、D社株式の100％をもつ高橋さんならば決議そのものは可能なのですが、本来、株主総会を適切に開かずに進められるものではないのです。

一般的に、非上場会社では、総会が実際には開かれていないのに議事録だけが作成されて、決議がとられた格好になっているケースが多く見られます。それを問題視する株主がいなければ、結果的に問題にならないだけであって、このケースの高橋さんの妹のように「総会に呼ばれていない」「総会は開かれていない」と訴える株主が出てくれば、株主総会の存在が否定されてしまいます。また、このケースで妹から「手続きに瑕疵《かし》がある」として「株式交換は無効だ」と訴えられてしまえば、妹の主張が通ってしまうことでしょう。そうなれば、株主総会を開き直したとしても、兄と妹が敵対してしまうことになりかねません。

先代創業者の死後、妹と良好な関係を続けてきたはずの高橋さん。銀行が連れてきたコンサルタントの提案を精査せずに進めた結果、取り返しのつかないことになってしまったのです。高橋さんは、後悔しても後悔しきれません。

もし、あなたががんにかかり、手術をしましょうとなったときに、あなたは一人の医師の診断だけで手術を受けるでしょうか？　最近は、セカンドオピニオンをとって、別の視点から診断をしてもらうことが一般的になってきています。

それと同じように、会社の組織再編行為のような大事な決断においては、一人の専門家の勧めだけではなく、セカンドオピニオン、サードオピニオンの意見を聴くことが重要といえそうです。

早めの事業承継対策が裏目に出ることも

三つ目にご紹介する事例も、専門家の勧めがもめごとの火種となったケースです。

事業承継対策が手遅れになることもありますが、逆に対策が早すぎて無駄になったり、最悪、取り返しのつかないことになったりすることもあり得ます。

E社は昭和5年創業の製造業。創業者は戦地から戻って事業を再開し、2代目となる長男とともに、高度経済成長の中、事業を伸ばしました。1980年代に入ると、2代目が本業外の不動産投資と株式投資に手を出したことで、バブル崩壊とともに債務超過に。その危機を救ったのが現在の3代目社長、木村さんでした。1992年、銀行団は債権放棄の条件として、2代目社長の個人資産をすべて差し出すことと、社長を交代して再建計画を立てることを求めたのでした。

木村さんは30歳だった当時を振り返ります。

「父に社長交代を告げられたとき、うちのような製造業がつぶれるはずがないし、つぶれてはならない、と思いました。本業では、大手は生産拠点を海外に移し終えていたころで、当社は小さいながら国内生産にこだわって、価格競争とは距離をおいて、一定の需要に応えていました。その本業を支えるために、先代は不動産投資と株式投資に手を出したわけですが、大きく裏目に出てしまいました。私は新社長として工場や取引先を回り、本業に集中することで、会社を立て直すことをお約束していきました。あのとき感じたプレッシャーは、今でも私に緊張感を与えてくれています」

それから20年、木村さんは50歳になり、銀行団に債権放棄を覚えている人も少なくなって、E社の財務もすっかり健全になってきたころのことです。

新たに着任したメインバンクの支店長が、ミーティングの場で木村さんに言いました。

「社長、御社の株価はこれからますます高くなりますね。事業承継の対策は早めに打っておくことに越したことはありませんよ」

「何か良い対策はあるのですか？」

「では、当行が提携している大手コンサルティング会社の者をお連れしましょう」

経営のためになることならばと、木村さんは紹介されたコンサルティング会社の担当者と会うことにしました。

後日、やってきた担当者は、まず、木村さんにこう聞いてきました。

「社長、事業の承継者はどのようにお考えですか？」

「娘は22歳で、商社に内定しています。優秀な子です。息子は20歳でまだ大学生です。承継のことはまだ全然決まっていません。私もまだ50歳ですから」

「社長、これから御社の業績はさらに伸びていくでしょうから、今のうちに対策をしておくことは、将来の事業承継に必ずプラスに働きます」

と言って、白紙に図を描き、ホールディングス化の提案をし始めました。

「持株会社を設立し、銀行から融資を引っ張って、社長保有のE社株式を持株会社に売却します。この持株会社は長女と長男が49万円ずつ出資することにし、社長は2万円の出資で、合わせて100万円（100株）の資本金で設立するのです。社長のもつ株式を黄金株（拒否権付き株式）にしておけば、社長の目の黒いうちは2人の好き勝手はできません」

「なるほど……」

何よりも、事業意欲旺盛な木村さんの心に響いたのは、担当者の次の言葉でした。

「社長、この持株会社化によってE社株式の子どもたちへの承継が完了しますから、社長はこれから業績向上に専念していただけます。いくらでも株価を上昇させていただいて構わないのです」

「わかりました。ホールディングス化、やりましょう」

2年後、木村さんは、大学卒業を控えた長男と将来のことについて話をしました。

「大学を卒業したら、どうするつもりなんだ？　就職活動はどうしている？」

「え？　父さんの会社に入れてもらえるんでしょ？」

図 10：銀行出資によるホールディングス化

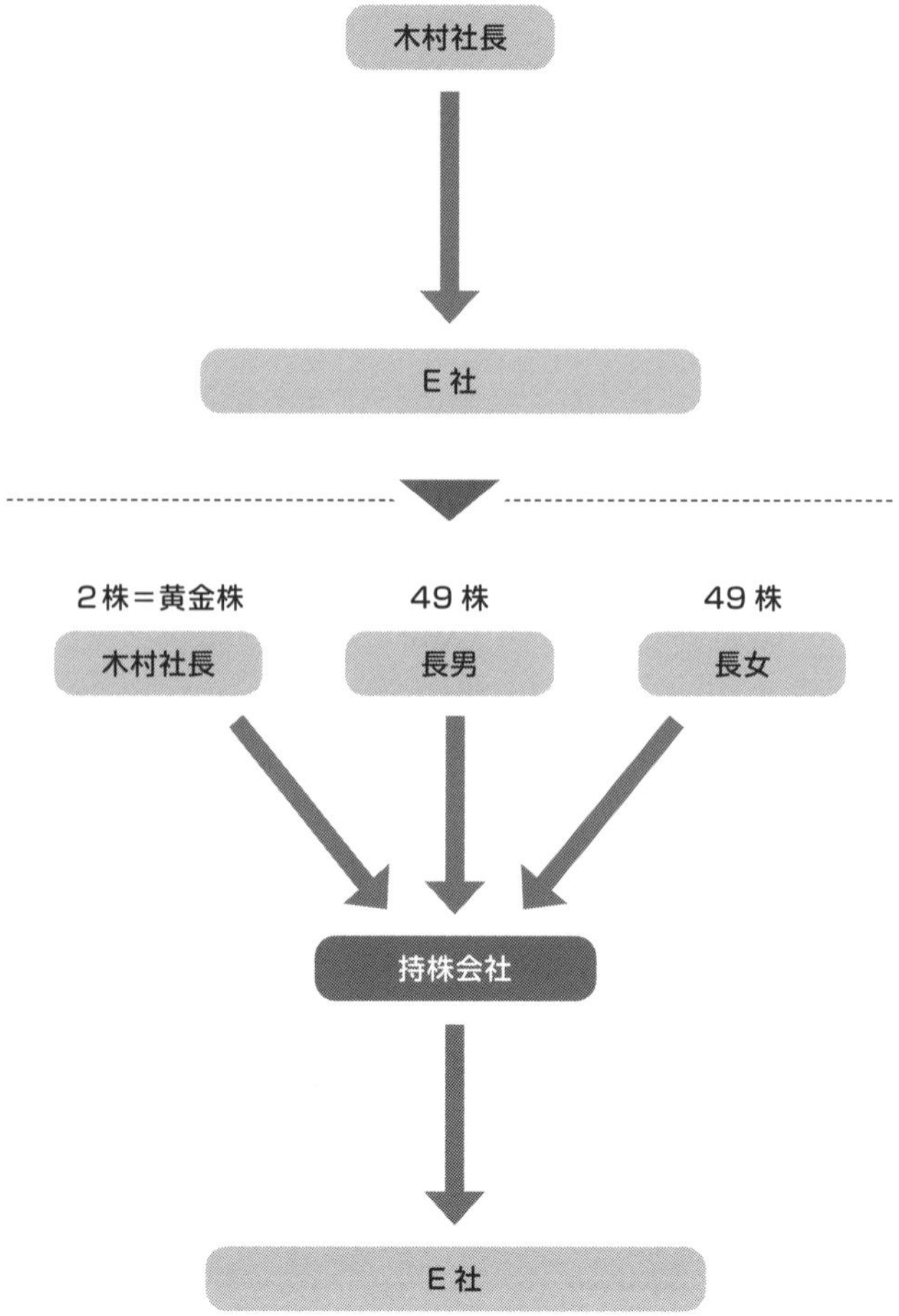

「おまえ自身には、何かやりたいことはないのか？」

「特には……」

黙りこくってしまった長男に物足りなさを感じた木村さんは、メインバンクの支店長に相談しました。

「息子を会社に入れるのはいいが、まずは何をさせたらいいものか……」

「社長、いきなり会社に入れるよりも、まずはホールディングスで何か息子さんに任せてみてはいかがですか？ 例えば人材派遣業など、本業との相乗効果が期待できるところから始めてみては？」

「なるほど、その手がありましたか。確かに、私の息子だからといってすぐ会社に入れるとなると、現場になじめるか不安だったんですよ。私は自ら父の会社に入ると決めて入れてもらって、そうしたらある日突然、債務超過の社長になったものですから。今は会社が順調な分、息子に何をさせるかが難しかったんです」

その後、ホールディングスに入った息子にいつから本業に関わらせるか、いつ後継者に指名していいものか、木村さんは悩ましい日々を過ごすことになりますが、「いずれ機が熟すだろう」と、後継者問題よりも、目の前の事業拡大にまい進する毎日を送っていました。

そして2020年、木村さん58歳のとき、コロナ禍に見舞われることになります。

国内生産のメーカーとして順調な成長を遂げてきたE社も、想定外の事態に業績は急落。本業での赤字は、木村さんだけでなく、先代社長の時代にもないことでした。

「着実に、堅実に結果を積み重ねてきたつもりだったが、崩れるときはこんなにももろいものなのか……」

2020年10月決算は赤字決算となりましたが、国の助成金を最大限に活用するなどして、2021年10月の決算は何とか赤字は免れました。コロナ禍も最悪の事態からようやく光明が見え始めたころ、木村さんは思いました。

——先代は65歳で事業を承継している。当時私は30歳。崖っぷちからスタートして、リーマンショックも大震災も乗り越えたが、今度はコロナショック。さまざまな逆境によって私も事業も育てられてきたのかもしれない。これまで、祖父からつないできたバトンをコロナ禍でも何とか必死に守ることができた。60歳になった今、そろそろ4代目の息子に渡すことを本気で考えないといけないな——。

長男はホールディングスで人材派遣業に携わるようになって8年、30歳になっていました。木村さんは、「いずれいずれと思いながら、本業に入れることなく、本業に人材を派遣するだけの楽な仕事を任せてきてしまったが、これでよかったのだろうか？」という思いに駆られていました。

そこへちょうど、また新たに着任したメインバンクの支店長が挨拶に来ました。

「社長、前期は黒字で持ちこたえられたのは素晴らしいですね。社長の経営手腕ですね」

「いやー、コロナ禍は30年前の崖っぷちよりもきつかったかもしれない。ところで10年前、おたくの勧めで持株会社をつくりましたよね」

「え？　そうだったんですね」

「そんな大事なこともご存じないのですか？」

「申し訳ありません」

「あの対策がうちにとって良かったのかどうか、改めてレビューをお願いできませんか？　当時は私も若かったから、承継はまだ先のことだと思っていましたけど、そろそろ4代目への承継を本気で考え始めないと、と思いましてね」

「わかりました。では次回、コンサルを連れてまいります」

「当時の方ですよね？」

「担当に確認させます」


翌週、支店長と共に現れたのは、10年前とは異なる人でした。

「社長、ホールディングスの株主は、ご長男とご長女それぞれ49％にしておられるのですね。社長は2％だけで」

「はい。10年前にそのように勧められたものですから。これで株の承継は終わっていますよって。後半はコロナ禍できつかったですが、この10年間で銀行から借りた資金の返済も終わろうとしています」

「完済間近なんですね。それは何よりです。ところで、本業を継がれるのはご長男ですか？　それともご長女？」

「長女は32歳になりまして、まだ結婚もせずに商社で頑張っています。親としては早く結婚して欲しいのですが。事業に入れる気はありませんし、本人もその気はサラサラないはずです。長男にはホールディングスの事業を任せているのですが、実際のところは私の目が届いていれば何も問題は起こらないし、30歳にもなって、やる気を見せてくれないというか、遊び歩いているだけというか、なかなか長男を本業に入れるタイミングをつかめずにここまで来てしまいました」

「……社長、もしかすると今の状態は、これからの世代交代に向けて、大変なことになるかもしれませんね」

「え？　それはどういうことですか？」

「承継は株の移転で終わり」ではなかった

「これまでは、社長がホールディングスの株式を２％しか保有していない状態でも不都合が起きなかったのでしょうが、今後、その２％の株式はどうされるおつもりですか？」

「どうするって、コロナ禍を切り抜けるので精いっぱいだったし、株のことをどうするかなんて、考えている暇もありませんでした」

「それもそうですよね。お察しいたします。仮にご長男に相続させたとします。ご長女との保有率は51％対49％になります。この場合、ご長男は普通決議はギリギリ可能です。では、社長にもしも万が一のことがあった場合には、２％の株式はどうなるでしょうか？」

「妻が1％、子どもたちが0・5％ずつが法定の分け方でしょ？ あれ？ 株は2株だからどうやって分けるのかな？」

「社長が、もし、遺言で誰に相続をさせるのかを決めずに亡くなってしまった場合、社長の2株は奥さまと2人の子どもたちで『共有』となります。こうなると、非常にやっかいなことになります。社長、遺言は準備していらっしゃいますか？」

「私はまだ60歳ですよ。……とはいってもコロナで亡くなった方もたくさんいたし、私に何が起きてもおかしくないですね。でも、私の2株を長男に残すと遺言していいものか……。長男はあまりに頼りない」

「社長、今のうちに事業に関係のないお嬢さまの株式を買い取っておくか、もしくは『無議決権株式』にしておかれてはいかがでしょうか？」

「ムギケツケンカブ？ 何ですかそれは？ 娘から株を買い取るって、10年前に『株の承継は終わった』って言われたんですよ！ 私が買い取ったら、それがまた相続の対象になるじゃないですか？」

「ご長男が買い取ってはいかがでしょうか？　自社で買い取ることもできますよ」

「うーん、それはどちらにしても大変だなぁ。10年前にホールディングスで借りた資金は何とか返してきたけど、結局また借金じゃないか。何のための対策だったんだ！」

「10年前には、まさかコロナ禍が来るとは想像できなかったでしょうし……」

「先生、もしかして、ホールディングス化なんてしなければ、こんなことにはならなかったということですか!?」

「………」


非上場会社の株式といかに付き合うか。これはオーナー自身にとって非常にやっかいであることが、三つの事例でご理解いただけたと思います。

担当者が言っていた「無議決権株式」とは、株主総会で、まったく議決権を行使できない株式のことです。普通株を保有している人は株主総会で議決権を行使できますが、企業は定款に定めることによって、無議決権株式を発行することができます。議決権が行使できる事項を制限する「議決権制限株式」というものもあります。

E社ではその後、木村さんから長女に対して保有株式の無議決権化を勧めたところ、「絶対にイヤ」と断られてしまいました。

「あいつも私も子どもとして同じ権利のはずでしょ。それなのにあいつだけ親会社の役員になって。それで、あいつ何にもしてないよね？　あいつだけお父さんの会社からお給料もらっていることには、私、前々から納得がいってなかったんだ。私は商社でいろいろきついこともあるけど頑張っているのに、あいつは遊んでいるだけでしょ？」

木村さんは、このとき初めて娘の本音を知ったのでした。

このように、コンサルタントの勧めに安易に乗ったがために、きょうだいのもめごとの火種をつくってしまい、株式の承継に困り果ててしまうオーナーはあとを絶ちません。

第3章 さまざまなスキームが事業承継の本質を見えにくくする

株式の承継にあらゆる手を尽くしたはずが……

歴史ある会社ほど、事業承継に苦労するケースは多いようです。

F社は終戦直後に創業され、現在法人化70年の繊維業を営んでいます。創業者が昭和の時代に事業を大きく伸ばし、簿価純資産が３００億円を超えるまでになりました。ところが創業者が3年前に95歳で亡くなり、３人の子どもたちは、財産の相続でもめることになってしまったのです。

F社の株主構成は複雑です。まず、公益財団法人が10％保有しています。次に従業員持株会が30％、２代目の長男に出資させてつくった持株会社が30％。ここまでで計70％の支配権になり、創業者の生前から2代目の長男が実質的にF社を支配する形に承継が進められました。

問題は、残りの30％です。資産管理会社が15％、残りを長男、次男、長女の３人で５％ずつ持ち合っています。そして、その資産管理会社の持ち主は、創業者の妻が40％、長男、次男、長女がそれぞれ20％ずつという具合に「田分け」されていました（次ページの図11参照）。

創業者は晩年「困ったら会社に株を売れ」が口ぐせだったそうです。会社の株をすべて手放し、「やるべきことはやった」と思ったのか、周囲から遺言の必要性を勧められながらも、それを聞き入れることなく亡くなりました。

図11：F社の資本関係図

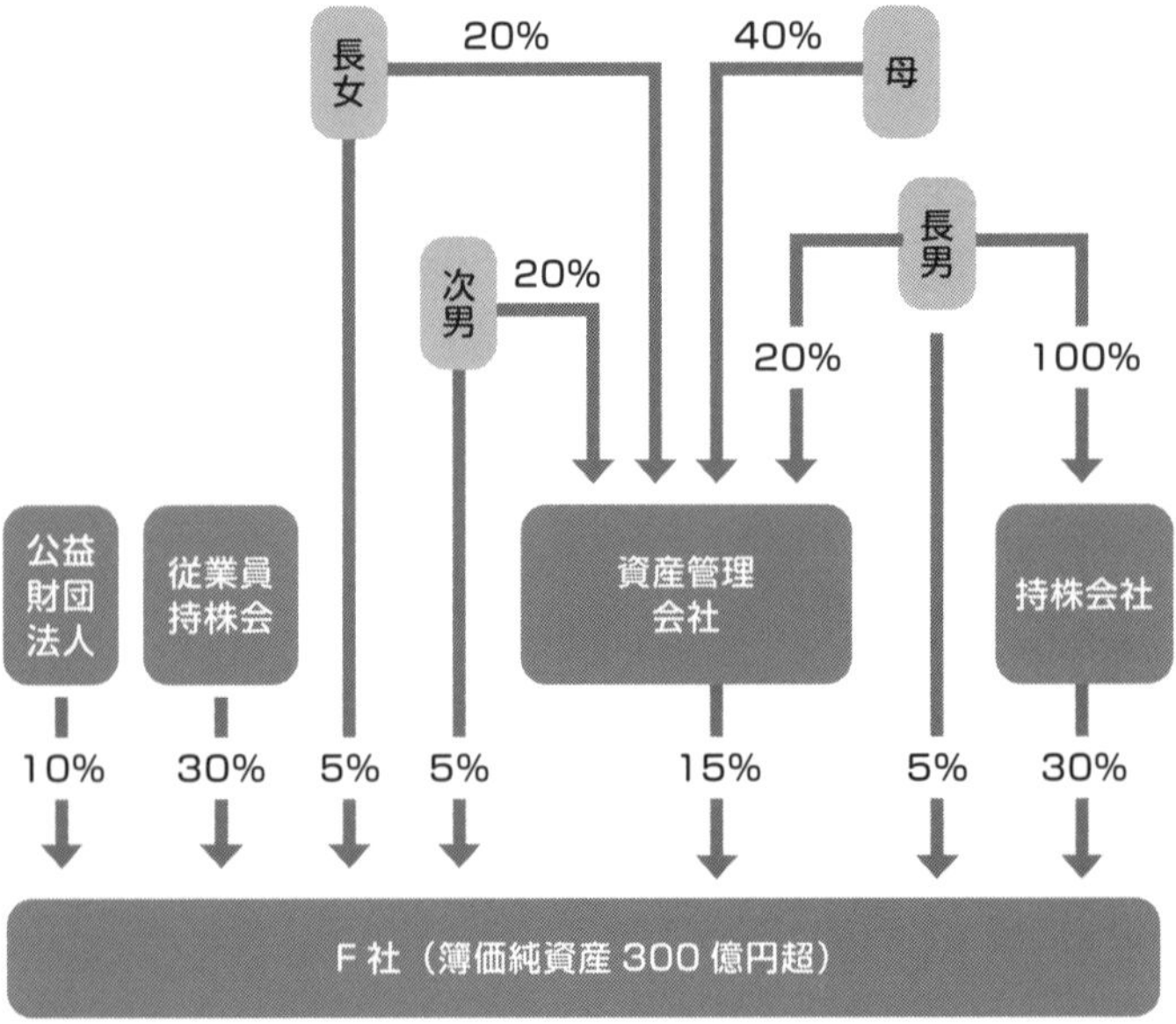

相続でもめることになったのは、創業者の個人財産の分け方です。

海外ブランドを日本に輸入する事業で伸びたF社。創業者は外貨を山のように得て、それをスイスのプライベートバンクに預けていました。さらに、高価な絵画、国内の不動産などを合計すると、個人資産は60億円にのぼりました。遺言がなかったので、これらは相続人ですべて共有の状態になり、遺産分割協議となったのでした。

２０１９年の秋、四十九日を終え、家族が集まった場で次男がこう切り出しました。

「兄貴は会社をもらっているよな。俺と妹で個人財産は半分で分ける。それでいいよな？」

「おいおい、会社は会社だ。おやじが会長になってからの30年、俺が社長をやってきたんだ。会社の株は対価を払って取得している。会社を財産分けに入れるのはおかしいだろ」

「兄貴はおやじの言いなりだっただけだろ。今の会社はおやじが残した会社だ。その株をもらっている兄貴には個人財産を相続する権利はないよ」

「ろくな仕事にもつかずに親のすねかじりを続けてきたおまえに、何を言う資格があるんだ！」

そこへ妹も主張し始めます。

「私、父さんには冷たくされてきたわ。その分、遺産はたくさんもらわないと納得できない」

「おまえが出入り禁止になっていたのは、夫のせいだろ。おやじに資金を出してもらっておきながら、ホテル経営には失敗するし、レストランを開業しても閑古鳥が鳴くし。おやじにきちんと義理を果たしていなかったから、おやじはおまえの夫を遠ざけたんだ」

「その状態をそのまま放っておいた兄さんは、あまりにも冷たかったわ。私と父さんの間に入って仲裁してくれても良かったのに。父さんの会社をもらっておきながら、新規事業で苦労した私たちのことを悪く言うのはやめて」

「2人とも、会社をもらったもらったと言うけどな、時代は変わっているんだ。ここ20年の会社の業績を知っているか？　赤字が続いているんだ。2人ともそこまで言うなら、ぜーんぶ任せてやるから、会社経営をやってみろ！」

90歳を越える母は、子どもたちの言い争いを聞いておれず、自室に引きこもってしまいました。

次男や妹が年商100億円のF社のビジネスを回していけるはずがない。そんなことは、長男は重々わかっていました。

昭和の時代に膨大な利益を積み上げてきたものの、平成に入ってからはバブルが崩壊、ＺＡＲＡやユニクロといったファストファッションが台頭し、今や服もインターネットで買う時代となり、アパレル業で利益を出し続けることが容易でないのは、社長になってからの30年で骨身に染みていました。

救いは、長男が３代目を継ぎたいと言ってくれていたことでした。

「この相続をまとめて、弟や妹から株式の買い取りを進めないと、息子に継がせたくても継がせられない。いっそのこと会社を売って、現金を子どもたちに残してやりたいくらいだが……、公益財団や従業員持株会のくっついた会社を、誰が買ってくれるだろうか？」

遺産分割の話し合いがまとまらないまま、Ｆ社はコロナ禍に見舞われ、百貨店での売上が一時期ゼロになるなど、本業は大打撃を受けます。コロナ禍のため、弟や妹との協議の場をリアルで設けることもできず、相続税の申告の期限

（相続から10カ月）を超えてしまいました。

「おやじが遺言をしてくれていればなぁ。自分もなかなか遺言を勧めることはできなかった。もう少し強く言えなかったものか……。悔やんでも悔やみきれない」

2代目社長の入った暗いトンネルは、なかなか出口を見いだせそうにありませんでした。

「相続財産が現金だけなら大丈夫」と思っていませんか？

F社の創業者は、生前に会社の株をすべて手放していました。相続時に残る財産は現金と絵画、不動産だったので、「あとはうまくやってくれるだろう」という気持ちだったことでしょう。

しかし、「あとはうまくやってくれ」がうまくいかないのがオーナー経営者の相続です。生前に長男に譲られた株式が「特別受益」に該当するのかしないのか？　該当するとしたらそれはいくらなのか？　そこが非常に難しい計算になります。なぜなら、非上場の会社の株価がいったいいくらなのか、「公正な価格」を算出することは非常に困難だからです。

非上場株式の株式価値の一般的な評価方法には、次の三つのアプローチがあります。

①コスト・アプローチ

対象企業の貸借対照表の純資産をベースに企業価値を評価する手法です。もっとも簡便な方法の「簿価純資産価額法」と資産と負債を時価で評価替えする「時価純資産価額法」があります。貸借対照表をもとにするため客観性が高く、納得感の得やすい方法といえます。弱点としては、将来の収益性を反映できない点が挙げられます。

②インカム・アプローチ

将来的に予測される収益を現在価値に換算することで、企業価値を算出する手法です。最大の特徴は、将来性や成長性を企業価値に含められることです。現段階の利益は少なかったとしても、今後の成長が期待される企業の評価に適している方法といえます。「DCF法」「収益還元法」「配当還元法」がありますが、これらの弱点としては、事業計画などの将来予測を基準にして算出するので、客観性を欠きやすくなるところです。

③マーケット・アプローチ

市場価格を基準に企業価値を算出する評価方法で、上場企業の中から類似する業種・規模の企業を探し、比較対象にして価値を算出します。その方法は、「類似会社比較法」「類似業種比準法」「市場株価法」がありますが、いずれも類似企業を探し出せるとは限らないところが弱点となります。

「現金を残しておけば、子どもたちは困らないだろう」と考える方は多いのですが、そもそも相続財産がいくらなのかを定めることが難しいため、特別受益の額が争われる遺産分割協議は難航しがちです。現金だからといって、分けられないのです。

※2016年12月19日最高裁大法廷の決定以降、それまで相続開始と同時に当然に相続分に応じて分割されるとされていた預貯金も財産分割の対象になりました。

コラム　特別受益とは？

特別受益とは一部の相続人だけが亡くなった人（被相続人）から生前贈与や遺贈、死因贈与で受け取った利益のことです。複数の相続人がいるケースで生じます。相続人の誰かだけが故人の生前に財産をもらっているのに、これを無視して遺産分割を行うと他の相続人が「不公平だ」と不満を募らせるかもしれません。しかし、その生前贈与された分を特別受益として計算し、その上で遺産分割を行えば公平に財産を分けることができます。特別受益はいわば「誰もが納得して公平に相続財産を分ける制度」なのです。

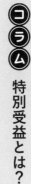

【特別受益の対象となるケース】

特別受益の対象となるものは「生前贈与」「遺贈」「死因贈与」です。具体的には次のようになっています。

①生前贈与……生前贈与のすべてが特別受益に該当するわけではありません。「婚姻、養子縁組または生計の資本のための贈与」が特別受益に当たります。ただし現在、この文言を杓子定規的に用いていません。「遺産の前渡しと言えるかどうか」を判断のカギにしています。

かつて、結婚や養子縁組のための贈与として持参金や結納金、挙式費用が特別受益に当たるとされていました。しかしこの考え方は立法当時の家父長制度的な文化を反映しています。核家族化が進んだ今、挙式費用や結納金は、特別受益というよりも扶養義務の履行や社交上の出費でしかないという見方が普通です。

生計の資本のための贈与には、生計が別の成人した子に対して贈与した生活費や新築費用、開業資金、有価証券や不動産などがあります。土地や建物の無償使用も特別受益に該当します。けれど、いずれも簡単に判断できるものではありません。時代の流れや被相続人の経済状況、他の相続人との格差を踏まえた上で「遺産の前渡しと言えるかどうか」を軸に、特別受益の該当性を判断しなくてはなりません。

②遺贈……遺贈は遺言書で「○○を△△に贈与する」としたときの贈与を言います。この贈与の対象が相続人であれば特別受益に当たります。

③死因贈与……死因贈与は贈与者が生前、「私が死んだらあなたに○○を贈与します」と特定の人（受贈者）と契約したものをいいます。双方の合意があれば死因贈与の成立です。この受贈者が相続人であれば特別受益になります。

（中略）

この他、「生命保険金」「死亡退職金」「生活費や日常的な教育費、小遣いなど少額の生前贈与」は一般的に特別受益にはならないとされています。しかし、生命保険についてはは特別受益に当たるとした判例もあります。繰り返しになりますが、特別受益に当たるかどうかは、「遺産の前渡し」の要素の有無を軸に総合的に判断する必要があります。

（出典）朝日新聞社運営のポータルサイト「相続会議」（https://souzoku.asahi.com/article/13859540）2020年10月28日公開、2022年12月6日更新

株価の5億円と現金の5億円は同じではない

民法では、亡くなった人の財産は死亡と同時に相続人によって「共有」されることが定められています。相続人それぞれの権利は、きょうだいであれば同じ権利を有するとされ、「均分相続」といわれます。

このとき、相続財産の中に「非上場株式」が含まれると、やっかいなことになります。

なぜならば、相続税を計算するための株価評価のルールは、税法上は細かく定められ、毎年ルールの見直しが図られていますが、民法上の株価評価のルールは、特に定められていないのです。

会社を経営する立場からすれば、会社の株価が1億円といわれても、それが現金1億円の価値があるとは思えないものです。一方で、会社を経営しない人の立場からは、1億円の株価は、1億円の現金と同等の価値と見えるのです。立場が異なれば見え方も異なってくるのが「非上場株式」なのです。

過去に贈与された株価の評価が、時間の流れとともに変動することも、株価評価をやっかいなものにします。つまり、父から贈与を受けたときには安かった株価が、後継者の子どもが頑張ったおかげで株価が高くなった場合、その株の評価は〝贈与時の株価〟ではなく〝相続時の株価〟で評価されるため、会社を継いだ者は「この株価は俺が頑張ったからだ。きょうだいにとやかく言われたくない」という気持ちになりがちなのです。

図 12：決算書の５億円と現金５億円は等価とはいえない？

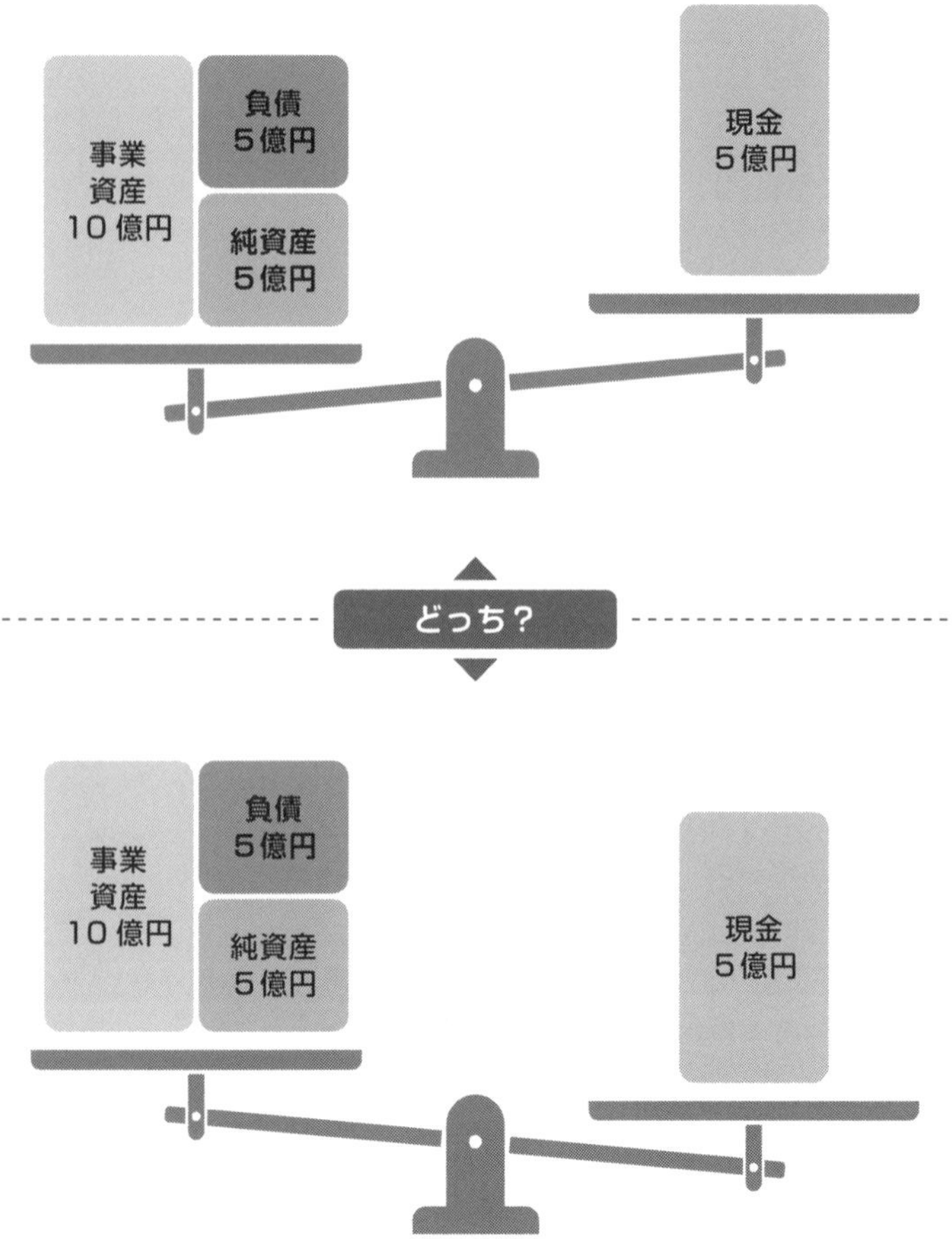

Ｆ社のケースでは、次男と長女に贈与されていた本体株式は５％ずつでした。１億円の５％は５００万円ですが、同じ５％でも３００億円の５％となると15億円。その差は14億９５００万円です。

当たり前じゃないか、と思われるかもしれませんが、株を子どもたちに分ける当事者としては、「５％くらい、後継者でない子どもにも与えたい」という気持ちになるものです。

しかし、安易な意思決定が、のちに大きな足かせを生むことにつながります。しかも、株式がやっかいなのは、先ほども書いたように、贈与した時点での株価が低くても、相続の時点で株価が高くなれば、当然、売買価格は高くなるのです。

次男と長女、２人合わせて30億円も株式の買い取りでキャッシュアウトしてしまえば、いくら過去の蓄積があっても会社はたまりません。

「％」で物事を見ると本質を見失います。「額」で見るクセをつけたいものです。

資産管理会社の「田分け」を後継者は許容できるのか？

F社の創業者は本社ビルと併せて賃貸オフィスビルを建て、それを資産管理会社で所有し、本体とテナントから年間2億円を超える賃料収入を得ていました。

長期にわたって現金が資産管理会社に蓄積され、それを妻40％、長男20％、次男20％、長女20％の持株割合で所有させていたのです。地価が上がる前から不動産の価値に着目し、本業と並行して不動産事業を進めてきた創業者の才覚は素晴らしいものでした。

問題は、それが「田分け」されており、かつ、本体株式の15％を支配している点です。創業者の死後、長男以外が結託すれば、後継者である長男は、資産管理会社から追い出されてしまうリスクにさらされ、かつ、本体の15％分の支配権を失うのです。

資産管理会社は本体の株式15％ならびに本社ビルのみならず、ほかにも本業に関係する資産をもっていたため、後継者としては、資産管理会社の支配を失うことは避けねばなりませんでした。

さらに、次世代に会社を継がせていく場合、もしもこの田分けが次世代（次男・長女の子どもたち）にも行われてしまうと収拾がつかなくなってしまいます。長男は、次男・長女から何とかして株式の買い取りをしなければならない立場になりましたが、2人は頑として応じません。

2人は「この株は簡単に売らない。なぜなら父さんが『困ったときには会社に高く買ってもらえ』と常々言っていたから。役員として給与ももらい続ける権利がある」と主張しました。

この遺産分割協議の難航は、後継者にとって大変なストレスですが、並行して、分散した株式の集約も、大きなストレスとなりました。そこへコロナ禍が追い打ちをかけたのですから、後継者の心労はいかばかりでしょう。

創業者は持株会や財団法人などを駆使して株式の相続を進めたのですが、そうしたさまざまなスキームが、事業承継対策の本質を見えにくくしてしまったようです。

無議決権株式を安易に導入していませんか？

次の事例は、茨城県の地場ゼネコンのG組です。

終戦直後の創業で、前年は年商90億円。約40年前に創業者が亡くなり、株式を妻（会長）が50％、長男（2代目社長）が30％、長女（名ばかり役員）が20％相続しました。

長男は結婚して2人の男の子を授かりましたが、姑の会長と嫁の折り合いが悪く、離婚にまで発展。「あの嫁の子どもには敷居をまたがせない‼」と、別れた嫁だけでなく、2人の子どもたちまでもが会長宅ならびに会社にも出入り禁止になってしまいました。

会長は90歳を超えて施設に入るまで、会社の重要事項に関わり続けました。

図 13：G組創業者の家系図

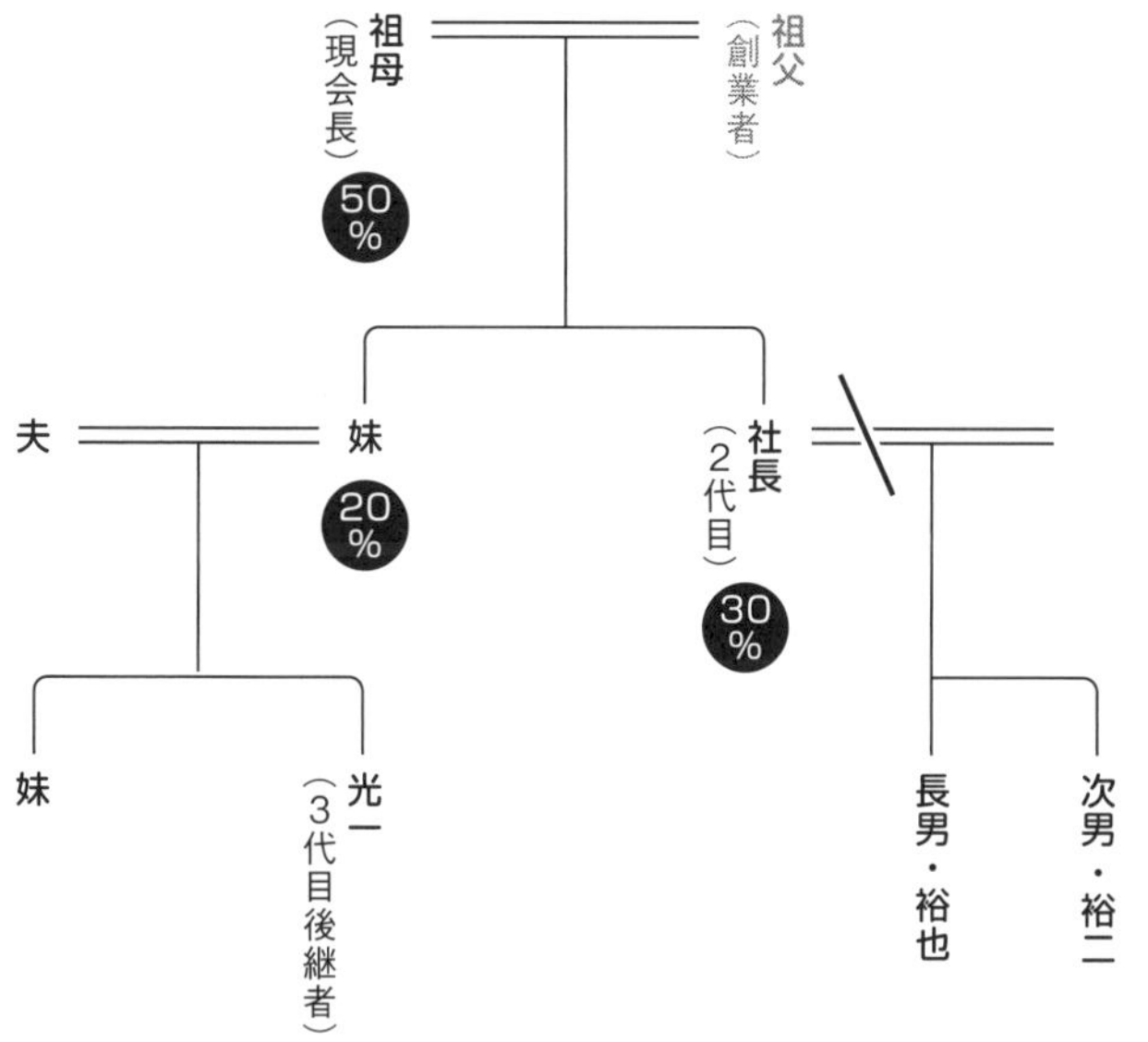

そして、3代目社長として、長女の長男・光一に白羽の矢を立てたのでした。

2代目社長は、「会長がうちの子たちを会社に入れたくないのはよくわかっているが、俺の株は子どもたちに残してやりたい」と考えていました。

2010年、会長93歳のとき、社長は会長の相続対策も兼ねて、地元の

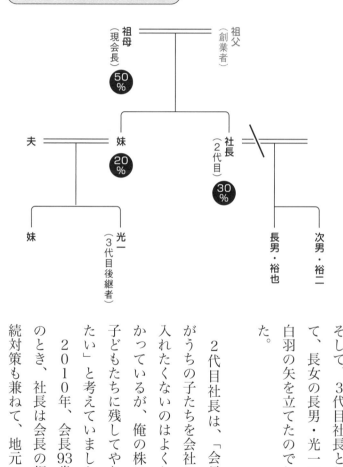

メインバンクの紹介で大手コンサルティング会社に対策の提案を依頼しました。

コンサルタントの提案は2段階に分かれていました。まず第1段階は、会長が保有する50％の株式の対策として、会長に退職金を出して株価を下げ、長男、長女、そして長女の長男＝次期社長の3人に株式を生前贈与するというもの。そして第2段階として、次のような提案をしました。

「2代目社長のもつ株式のうちの1株を『属人株』にし、全体の3分の2超をとれる個数の議決権をもたせましょう。そして残りの全株式を無議決権化します。そうすれば、社長の子どもたちは無議決権株式を相続することになり、3代目社長に迷惑はかかりませんから」

その場には2代目社長の妹も同席していました。

「〝何とか株式〟とか、まったく理解できないけど、息子が無事に会社を継げるなら協力します。でも、何とか株式って本当に大丈夫なの？　それと、属人株って、兄が死んだらどうなるんですか？」

「属人株は、読んで字の通り、お兄さまに属した株式ですから、お兄さまが亡くなられたときには普通株に戻ります」

「ということは、その株は兄の子どもたちに相続させるわけにはいかないですね？」

「はい。お兄さまには遺言を書いていただき、甥である新社長に遺贈していただきましょう」

「お兄ちゃん、ちゃんと遺言書を書いておいてくださいね」

「わかっているよ。何度も言うなよ」

面倒くさそうな顔をして兄は答えました。

コラム　種類株式と属人的株式

会社法では、普通株式とは「権利の内容が異なる株式」を発行することができるとされています。種類株式は「株式ごと」に内容が異なる株式で、属人的株式は「株主ごと」に内容を差別化することができます。

【種類株式】（会社法第108条）

以下の九つの「型」が定められていて、複数を組み合わせることも可能です。

①配当優先（劣後）株式
②残余財産分配優先（劣後）株式
③議決権制限株式
④譲渡制限付株式
⑤取得請求権付株式
⑥取得条項付株式
⑦全部取得条項付種類株式
⑧拒否権付株式
⑨役員選解任権付株式

発行方法……既存の株式のうちの一部を、種類株式とする場合、原則として、株主全員の同意が必要となります。これは、一部の株式が種類株式に変更されることにより、変更されない株式の株主の権利が侵害されることになるため、その株主の利益を保護するために必要な手続きです。一方、種類株式を新たに発行する手続きは、株主総会の特別決議を経て定款を変更する等をして行います。

【属人的株式】（会社法第109条第2項）

株主ごとに議決権や配当、残余財産の分配に関する内容について、異なる取扱いを行う旨を定款で定めることができます。

発行方法……属人的株式は、会社法の大原則である株主平等の原則の例外的な規定ですので、株主総会の特殊決議が必要になります（会社法第309条第4項）。また、すべての株式に譲渡制限を付した、いわゆる非公開会社（ほとんどの中小企業はこれに当てはまります）でのみとれる手法です。

その2年後の2012年に会長は95歳で亡くなり、2020年、2代目社長が亡くなりました。78歳でした。

予定通り、2代目社長の甥に当たる光一氏が3代目社長に就任し、コロナ禍で制約が多い中、半年ほどかけて挨拶回りを済ませたころ、会社に1本の電話がかかってきました。亡くなった2代目社長の長男・裕也氏からでした。

「光一くん、久しぶり。おやじの葬式ではろくに会話もできなくて残念だったね。コロナ葬は寂しいね。ところで、おやじの相続を弟と済ませたんだよ。今度、会社に行ってもいいかな？」

「わかりました。××日××時に事務所でお待ちしています」

光一氏はなんだかイヤな予感がしました。

約束の日、いとこの裕也氏は、挨拶もほどほどに切り出してきました。

「光一くん、父の退職金のことなんだけど」

「裕也さん、伯父さんは社長のまま亡くなって、亡くなるまでかなり高い給与を受け取っていらして。伯父さんは保険嫌いだったので、会社の資金繰りも楽ではないので死亡退職金はなしにしました」

「光一くん、そんな大事なこと、私に何の相談もなしで良かったのかな？」

「どういうことですか？」

「光一くんは忘れてしまったのかもしれないけれど、父は会社の普通株1株と無議決権株3万9999株を私と弟に残してくれていた。弟と話し合って、普通株は私が相続することにしたんだ」

「あ……！」

　光一氏の脳裏に10年以上前のことがよみがえってきました。当時は、祖母の相続対策で、母と伯父が中心になって対策を練り、自分は話し合いには同席していたものの、あまり真剣に受け止めていませんでした。

「裕也さん、いったい何が言いたいんですか？」

「僕もG組の株主の一人だということだよ。それなのに父が亡くなってから株主総会も開かれていない。もしかしたら、開かれてもいないのに何か大事な決定がなされていたりしないかな？　光一くんや叔母さんが退職金を受け取っているとか。だとしたら、『株主総会決議不存在確認の訴え』を起こしますよ」

「な、何ですかそれは?」

「光一くん、今日はこのくらいにしておきましょう。光一くんも社長になったばかりで大変だろうけど、もう少し法律のこと、特に株について勉強したほうがいいんじゃないかな?」

そう言い残して裕也氏は帰っていきました。

社長室で独りになった光一氏は思いました。

「伯父さんは社長として会社を伸ばしてきた。それを僕もそばで見てきたつもりだけど、株の話なんて、とんと記憶がない。ばあちゃんが死んで伯父さんも亡くなって、会社に関係のないいとこに、何であんな態度をとられないといけないんだろう……」

1週間後、再び裕也氏がやってきました。

「光一くん、おやじの株は半分弟の裕二が相続したんだけど、裕二が株を売りたいって言いだしてね。無議決権の未上場株式をもっていても仕方がないって」

「裕也さん、そこは少し考え直してもらえませんか？　伯父さんが亡くなって、会社も当時のように順調ではないんです。コロナで先行きも不透明だし」

「光一くんの状況はわからないではないけれど、弟にも都合があるからね。透析専門のクリニックを開業する資金にしたいらしいんだ」

「困りましたね……。でも、うちの株は非上場だし、譲渡制限もついている。勝手に売ることはできませんよ」

「光一くん、やはり君は何も知らないんだね。裕二がその気になったら、買ってくれる業者は簡単に見つかる時代なんだよ」

「え？　それはどういうことですか!?」

「会社法では、株式譲渡の自由を認めているんだよ。相続した株式をキャッシュ化することを、既存株主が制限することはできない」

「裕也さん、なんだかやけに詳しいですね」

「僕はね、ばあさんから出入り禁止をくらったことをいまだに恨んでいるよ。本来だったら僕が父の跡を継いでこの会社の社長になるはずだったんだ。せっかく父が株だけでも僕と弟に残してくれたんだから、それを無駄にしてはいけないと思って勉強したのさ。僕は裕二と違って普通株を1株もっている。このG組が健全に運営されていくことを、ずっと見守っていくつもりだよ」

裕也氏から厳しいまなざしを向けられ、光一氏は返す言葉が見つかりませんでした。

普通株として相続されてしまった属人株

「社長として議決権は握っておきたい。でも息子たちに普通株は相続させられない」

この状況で、コンサルタントから2代目社長に提案されたスキームが「属人株」です。

2代目社長の妹の指摘通り、2代目社長は遺言で甥の3代目社長に遺贈すべきでした。コンサルタントも提案はしていましたが、「書くよ、わかっている。書いておくから」と言われてしまうと、あとは2代目社長本人に任せるしかありません。それが、数年たって相続となり、ふたを開ければ遺言がなく、普通株が2代目社長の長男に相続されてしまったのです。「書いてください」と提案することと、実際にご本人が書くことには、天と地の開きがあります。

この章の初めに紹介したF社の創業者も、遺言を書かずに亡くなっています。遺言を書くということは、人生で何度もあることではありません。人はやったことのない不慣れなことを実行に移そうとするとき、強い心理的抵抗を感じるものです。人は、そのままでいたい、という現状維持本能をもっているからです。

配偶者や子どもが「お父さん、遺言を書いてください」と言うことも簡単ではありません。「死」について話題にすることが縁起の悪いこととされているからです。したがって、遺言が本当に必要なのであれば、本人が実際に書くまで見届ける役割が、第三者に求められるといえそうです。

では、G組のように、敵対しかけている人（ここではいとこの裕也氏）に普通株を1株だけもたれてしまうことに、経営上どれだけのリスクがあるのか、見ていきましょう。

株主の権利というと、「剰余金の配当を受ける権利」「残余財産の分配を受ける権利」を代表とする自益権（会社から直接経済的利益を受けることを目的とする権利）と、「株主総会における議決権」を代表とする共益権（会社の経営に参与し、あるいは会社の経営を監督・是正することを目的とする権利）があります。株主の経済的な権利＝自益権を守るために共益権がある、という関係にあると見ることもできます。

また、株主の権利には、1株でも株式を保有する株主であれば行使可能な「単独株主権」と呼ばれるものと、総株主の議決権の一定割合や一定数以上または発行済株式総数の一定割合以上を有する株主のみが行使できる「少数株主権」があります。

第2章でも見られた通り、非公開会社では、株主総会を実際には開かずに議事録をまとめてしまうようなことが、多く行われています。裕也氏のような株主が存在すると、きちんと株主総会の招集通知を出すなどの手続きを踏まないと、株主総会決議の不存在確認の訴えや決議取り消しの訴えを提起されて、非常にやっかいです。

図14：株主の権利

代表的な三つの権利	剰余金の配当を受ける権利	自益権	経済的な権利
	残余財産の分配を受ける権利	〃	〃
	株主総会における議決権	共益権	株主の自益権を守る

経営者を悩ませる5つの権利	1．反対株主の株式買取請求権	単独株主権（自益権）
	2．会社の業務執行について監督する権利	
	計算書類等の閲覧・交付請求権	単独株主権
	会計帳簿閲覧・謄写請求権	議決権または発行済株式の3％
	取締役の違法行為差し止め請求権	単独株主権
	3．株主総会の効力に関する訴え	単独株主権
	4．株主代表訴訟	単独株主権
	5．会社の組織に関する行為無効の訴え	単独株主権

例えば、役員退職金支給を株主総会で決議していたとします。でも、そこに手続き上の瑕疵《かし》があり、株主総会決議が不存在と確認されたり、あるいは取り消されたりしてしまうと、税務上にも大きな影響が起こりえます。株主総会決議のない退職金支給は認められないためです。支給した退職金が損金として認められなければ、大きな痛手となります。少数株主に敵対され

てしまうことは、それほどやっかいなことなのです。

第1章のケースのように、財産として残したいとか、この第3章のケースのように、残すつもりはなかったけれど遺言しなかったために相続する予定でなかった相続人に相続されるとか、少数株主が存在する理由はさまざまです。細心の注意を払って、少数株主が明確な意図なく生まれることのないようにしたいものです。

無議決権株式にも株主としての権利は残る

2006年の新会社法以来、種類株式の発行が認められてきました。種類株式としては、第2章に出てきた拒否権付き株式（黄金株）や配当優先株式、本章の無議決権株式などがよく知られています。

会社の後継者でない人に無議決権株式を相続させる（かつ、配当優先株式とする）スキームが広まっています。このスキームの問題が顕在化したのが本章のケースです。

実は、議決権がない株式は、株主総会での議決権がないというだけで、株主としてのさまざまな権利を有しており、そのことが経営者の頭を悩ませることになるのです。

103ページの図14で示すように、無議決権株式には「株主総会における議決権」がないだけ、といえます。それ以外の権利は、普通株式と同じ権利を有しているのです。「反対株主の株式買取請求権」「株主総会の効力に関する訴え」「取締役の違法行為差し止め請求権」「会計帳簿閲覧・謄写請求権（発行済株式の3％以上）」などに、経営株主サイドは特に留意する必要があります。

では、G組の3代目社長のいとこで、無議決権株式を相続した裕也氏と裕二氏。彼らは果たして、社長であり、株主である光一氏の承認なくして、株式の現金化はできるのでしょうか？

結論を言えば、イエスです。裕也氏が言っている通り、弟の裕二氏が取得した株式をキャッシュ化することについて、既存株主である光一氏が制限することはできません。

最近では、非公開会社の株式を買い取ることを専門とする業者が存在します。

もし、買い取り業者に裕二氏が株式を売るとします。このとき、譲渡者裕二氏と業者とで共同し、会社G組に対して、裕二氏による買い取り業者への譲渡ならびに業者による取得の承認請求を行うことが可能とされています。

さらに、請求者には、会社が不承認とする場合には、会社または会社が指定する者（指定買取人、たいていは社長）が譲渡の対象となっている株式を買い取るように請求することができます。

つまり、この請求を裕二氏から起こされてしまうと、G組は承認をしない場合には株式を買い取らないといけなくなりますし、買い取りたくない場合には請求を承認して、外部者である買い取り業者を株主として迎え入れないといけなくなってしまうのです。

譲渡制限に関する誤解について、ご理解いただけましたでしょうか？「非公開会社の株式（譲渡制限のついた株式）は外部に売れない」ということはないのです。

図 15：株式譲渡等承認請求書のひな形

株式譲渡等承認請求書

202 ×年×月×日

株式会社　甲　御中

（譲受人）**※買い取り業者**
所在地：　東京都○○○○
名称：　株式会社○○○○
代表取締役○○○○　　印

（譲受人）**※少数株主**
住所：東京都○○○○
氏名：○○○○　　　　印

当社は、以下のとおり、御社の株式を取得しましたので、譲渡人と共同で御社に対してその承認を請求いたします。

なお、御社が承認をしない場合には、御社または会社法 140 条第 4 項に規定する指定買取人が当該株式を買い取ることを請求いたします。

記

取得した株式の数　　100 株

以上

第4章 経営者の突然の死～緊急事業承継で起きる問題

連帯保証債務を負わされた家族

事業承継の際に起きるトラブルの中には、経営者が突然、若くして亡くなってしまったことが発端となるケースもあります。

この章では、二つの事例で個人保証の問題にフォーカスします。

まずは、私の実家の実例をご紹介します。

私の祖父は大正3年生まれ。東京の蒲田で戦前に八百屋を創業し、戦後に再開してスーパーマーケットにしました。祖父母は4人の子を授かり、私の父が長男で、次男、長女、次女の二男二女のきょうだい構成。長男である私の父が2代目社長となり、次男の叔父が副社長となりました。

祖父は昭和54年、65歳で亡くなり、祖母はその後を追うように翌年亡くなりました。祖父母が亡くなってから、私には見えないところでしたが、社長と副社長は折り合いがよくなかったようで、叔父はそのストレスもあってか、50代に入ると精神の不調を来し、大腸がんを患って、58歳で亡くなってしまいました。

祖母が亡くなったとき私は7歳、兄は16歳でした。私が中学生になるころから、父は私に、

「お兄ちゃんに3代目社長を任せていくから、おまえは兄と関係のない仕事を

しなさい」とよく言っていました。

兄は大手繊維素材メーカーに就職し、5年で退職して家業に入り、私は大学を卒業して広告代理店に就職しました。私たち兄弟は、父の言う通りの道を進んだことになります。

当時、父は、私を会社に入れない理由として、「兄と弟2人で会社を継いで、もしも会社が傾いたら共倒れになってしまうから」と言っていました。確かに今から30年前、時代は小売業に不況の波が来ているころで、実家のような年商30億円規模のスーパーマーケットは、すでに先行き不透明だったことでしょう。ただ、幸いにもそのころは、まだ実家のスーパーマーケットは堅調な経営状況だったはずです。

ですから父の本音は、経営への不安よりも、自分と叔父のように、兄弟が不仲になることの不安のほうが大きかったのではないかと推測します。

叔父が亡くなったとき、ちょうど60歳となった父は、折り合いが悪いながら

図16：石渡家の家系図

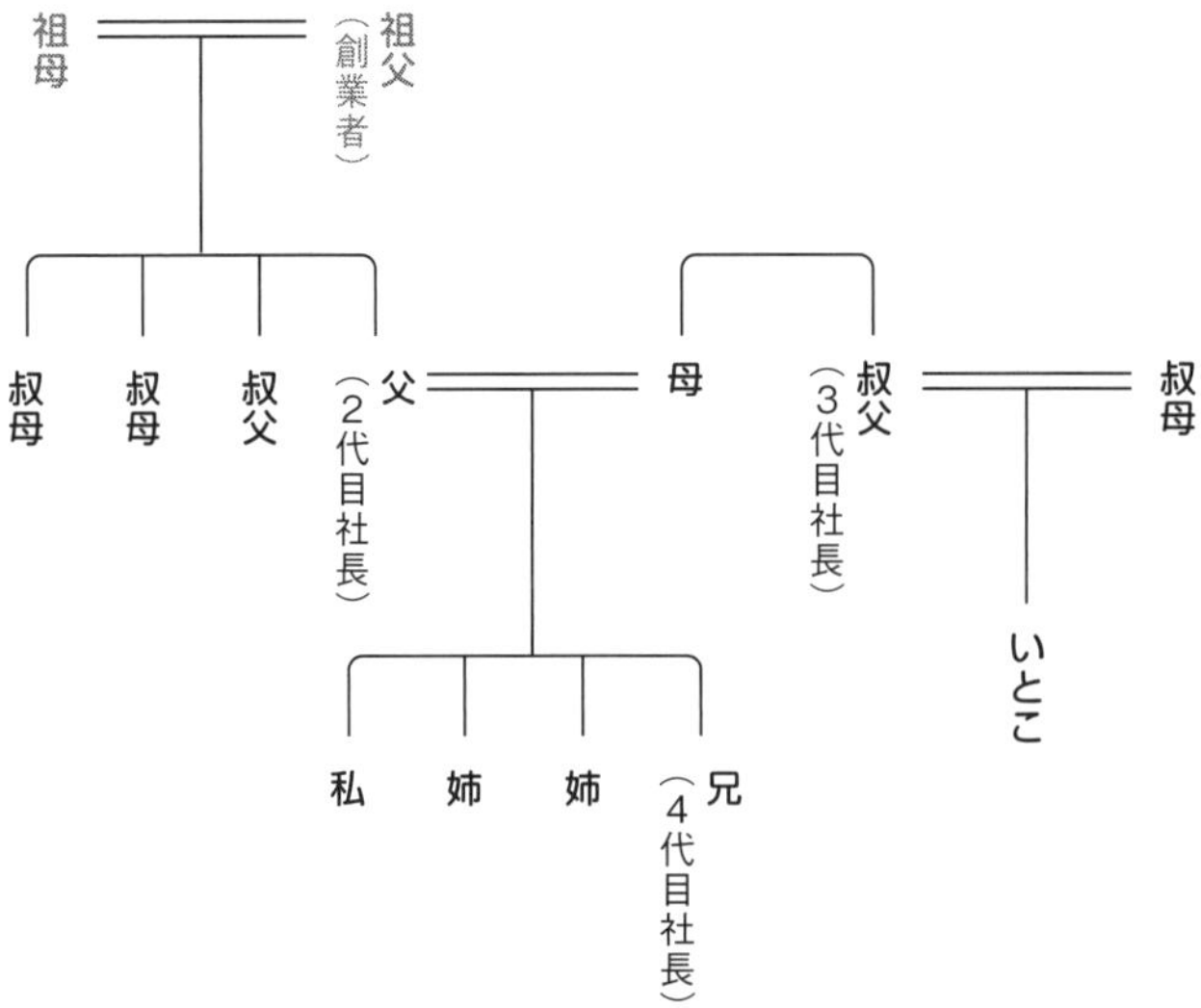

も共に経営してきた実の弟を失ったことで、3代目への承継を考えるようになりました。

――自分の父親が65歳で亡くなったことを引き合いに、「65歳までは長生きさせてもらいたい」がそのころの口ぐせでした。

長男はすでに会社に入ってきているものの、店舗の現場で経験を積ませているところで、このとき33歳。あと7年、40歳になったら社長になってもらおうか。それまでの間、3代目社長は義理の弟（私の母の弟）に任せて私は会長になろう。そうすれば私が仮に65歳で亡くなっても、2人でうまくバトンをつないでくれるだろう――。

こんなプランを父は立てたのでした。

小売業の不況はますます深刻になり、中小が大手に買収されたり、大手が大手を買収したりするようなことが増えていきました。そんな中、実家のスーパーは小から中の規模を維持して生き残り、兄が40歳を迎えるころ、父はまだ元気な67歳でした。

母の弟である叔父は、社長として、会長である義理の兄と、これから4代目となる甥のことを支えてくれました。父のプラン通りに40歳で社長になるころ、取引先もライバル店の方々も「石渡さんのところは上手に事業承継を進めていますね」と言ってくださったものでした。

父は67歳で相談役となり、叔父が60歳で会長に、兄が40歳で社長という体制になりました。

それから5年たったある日のことです。叔父が人間ドックの問診で心臓の軽い異常を訴え、精密検査のため検査入院しました。専門医の所見は「大丈夫です。ステントを入れましょう。手術はすぐに終わります」というものでした。

しかし、日を改めて手術を受けた叔父は、それっきり帰らぬ人となってしまったのです。

病院と家族の間でどのようなやり取りがあったのかは、親戚である私にもよくわかりません。いわゆる医療事故だったのでしょうか。叔父には3人の子どもがおり、兄や私も小さいころからしょっちゅう遊んだ仲だったのですが、葬儀のとき、みんな納得のいかない表情を見せていました。

そんな事故があって、葬儀から3カ月がたったころです。私の母のところに電話が入りました。電話口の言葉に、母は驚愕します。

「弟さんの連帯保証債務が、あなたに相続されるかもしれません」

弟に先を越されて死なれてしまった喪失感の中、さらに心を切り裂くような銀行員の冷たい声……。

母はすぐに弟の妻（私の叔母）に連絡をとりました。

すると、叔母はこう答えました。

「お義姉さん、私も子どもたちも、『相続放棄』をしようと思っているんです」

次に母は、社長である息子（私の兄）に連絡しました。

「ちょっと、どうなっているの？　全然意味がわからないわ」

「母さんにも銀行から知らせがいったのかい？　実は数日前に叔母さんから電話があって、『なぜ会社に関係のない私たちが会社の借金をかぶらなきゃならないんですか？』って言われたところなんだよ。本当に参ったよ……」

銀行融資に経営者の「個人保証」をとられていませんか？

会社が銀行から借金する際に、経営者個人が保証する、つまり、「会社が借金を返せなくなったときには経営者個人が家屋敷も預金も投げうって返済すべき」という商習慣が日本には根づいています。

これの良しあしを論ずることはここでは避けますが、そのため、後継者が保証をいやがったり、銀行サイドが特に親族外承継の際などに「この方では保証にならない」という立場をとったりすることがあります。

叔父が亡くなったのは2010年のことです。経営承継円滑化法は2009年にスタートしていますので、「個人保証の問題が事業承継のネックになっている」「国としても支援策が必要だ」という認識は、この事例の2010年のころにはすでにあったはずです。

個人保証がさらにやっかいなのは、保証している人が亡くなると、保証債務として相続人に当然に引き継がれてしまうところです。

私の叔母やいとこは事業に関係のない立場であり、当時、メインバンクから会社が3億円の借入があることも知りませんでした。保証債務に関する知識ももちろんなかったため、「数億円の借金をかぶらされた！」と勘違いしてしまったのでした。

そもそも、会長となって経営は甥（創業者の直系の孫＝私の兄）に任せた叔父は、なぜ保証をとられていたのでしょうか？

実は、叔父だけでなく、相談役になっていた父も保証をとられたままで、新社長になった兄も含め、３人もろとも個人保証させられている融資契約をメインバンクと結んでいたのでした。

当時はまだ「経営者保証に関するガイドライン（２０１４年にスタート）」もなく、経営者が保証するのは当たり前、金を貸してくれる銀行には逆らえない、という意識が兄、叔父、父にあったのかもしれません。

会長の死を知った銀行は、私の母に連絡する前に、当然、配偶者である叔母のところに連絡したわけです。夫の死（医療事故の疑い）を受け入れられずにいた叔母にとって、銀行からの電話はまさに寝耳に水。日ごろ弁護士との付き合いもないので、インターネットで一見の弁護士さんに相談をし、「連帯保証債務を引き継ぎたくなければ、『相続放棄』という選択肢があります」と説明されたようです。それを銀行に伝えたために、銀行としては、第3順位＊の母のところに連絡をしてきた、という経緯でした。

後日、兄はこのメインバンクとの付き合いを断ち切る選択に迫られ（為替デリバティブの赤字が拡大し、十分な説明がなかったとしてメインバンクと訴訟に。当時、社会問題になっていたテーマですが、ここでは詳細は省きます）、他行への借換にトライし、成功します。この時点で、叔父から相続された保証債務は消滅したので、叔母やいとこは相続放棄をギリギリ踏みとどまって正解でした。

ただ、いったんもたらされた亡き叔父のファミリーへの衝撃は癒えることはなく、叔母やいとこと、私たちの関係までおかしなものになってしまいました。

叔父の死は、私がライフプランナーという仕事に転職して5年目のことでした。

もし、叔父の生前に、私が一言「万が一のことがあれば個人保証は相続されますよ。でも、会社が傾かない限りは大丈夫ですよ」と叔母やいとこに言えていれば、結果は違っていたはずだと後悔しました。

そもそも、当時の私も、叔母やいとこがそうであったように、個人保証というものがどういうものか、恥ずかしながら、わかっていませんでした。

「保険のセールスパーソンとして、ただ保険を売る、というだけで仕事をするのではダメだ。経営者とその家族、会社にとって、将来起こりうるリスクはどんなものなのか、それを防ぐ方法はないのかをお客さまとともに考える。そういうスタンスで仕事をしていこう」と心に誓った出来事になりました。

※相続には順位があります。配偶者は常に相続人となり、配偶者以下の相続人は、第1順位が子（または直系卑属）、第2順位が親（または直系尊属）、第3順位が兄弟姉妹になります。

「経営者保証」はなぜなくならないのか？

２０２０年度の調査で、中小企業において「経営者保証を提供していない」割合は20%にとどまっており、「経営者保証に関するガイドライン」が策定されてから6年の成果は限定的のようです。

なぜ経営者保証が解除されないのか？　または、経営者保証のない融資が実現しないのか？　それは、経営者保証を求めるかどうかの最終的な判断は、金融機関にゆだねられているから。この一点に尽きると思います。「経営者保証に関するガイドライン」を策定したのは中小企業庁、つまり経済産業省です。一方で、金融機関を監督しているのは金融庁、つまり財務省です。

金融機関としては、中小企業の資金調達の円滑化に寄与したい、だから個人保証を求めざるを得ない。一方で、経営者による思い切った事業展開や、保証後において経営が

図 17：経営者保証に依存しない新規融資の割合の推移

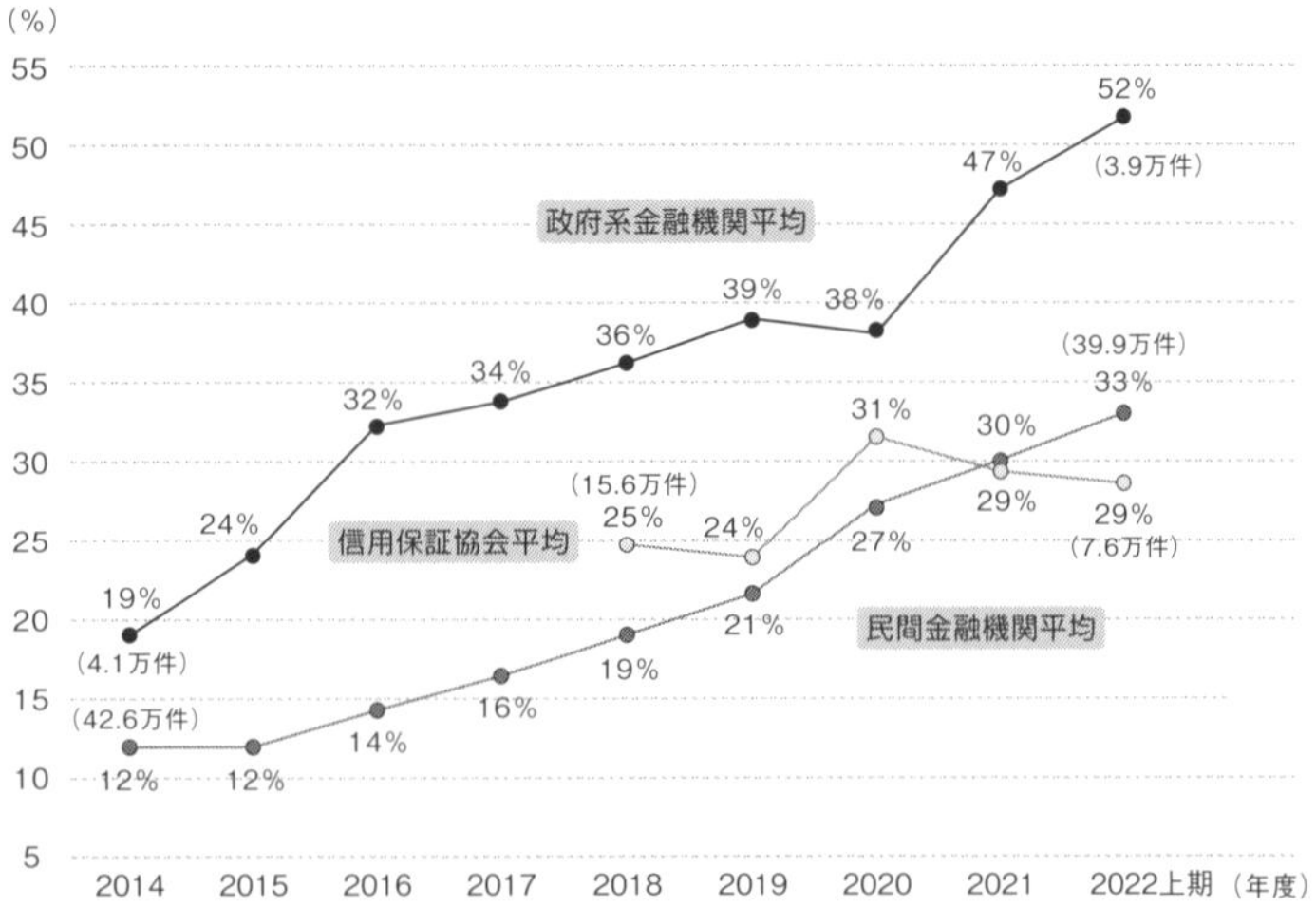

（出典）金融庁「民間金融機関における『経営者保証に関するガイドライン』の活用実績」および中小企業庁「政府系金融機関における「経営者保証に関するガイドライン」の活用実績」「信用保証協会における「経営者保証に関するガイドライン」の活用実績」（https://www.chusho.meti.go.jp/kinyu/keieihosyou/#about）2023 年 2 月 15 日アクセス

図 18：経営者保証の提供状況 (2020 年度)

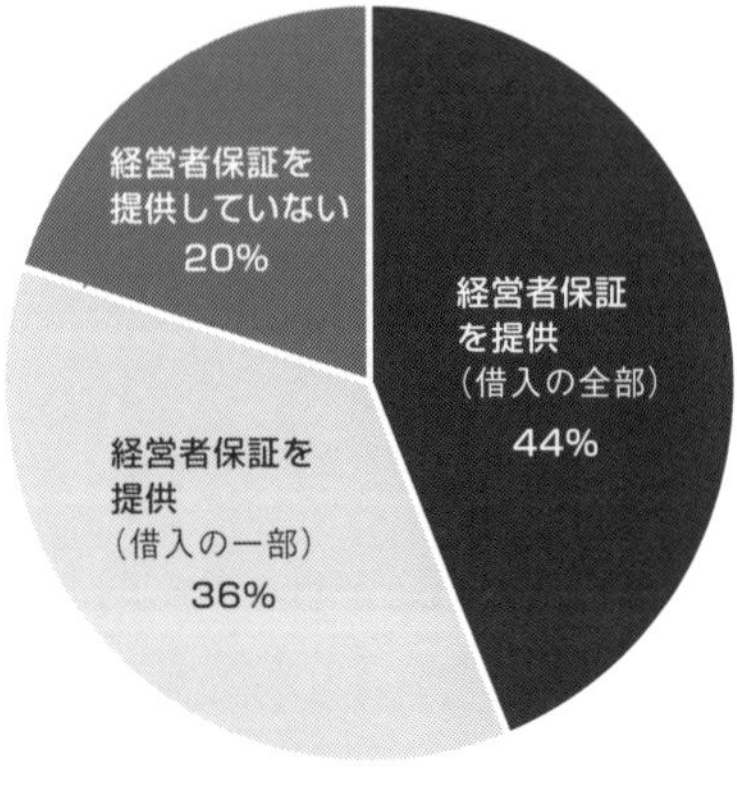

（出典）令和 2 年度「経営者保証に関するガイドライン」周知・普及事業 (中小企業・小規模事業者ワンストップ総合支援事業) 事業報告書（https://www.chusho.meti.go.jp/kinyu/keieihosyou/#about）2023 年 2 月 15 日アクセス

図19：行政の縦割り

経産省	財務省			厚労省	法務省	総務省
中小企業庁	金融庁	国税庁				
中小企業診断士	銀行 銀行員	税務署 税理士	弁護士	社会保険労務士	司法書士	行政書士
事業承継 **経営者保証解除**の支援	融資	納税				

窮境に陥った場合における早期の事業再生を阻害する要因となるなど、個人保証が中小企業の活力を阻害する面があることも理解している。この両面を天秤にかけたときに、個人保証を求めるほうに天秤が傾くのだと思います。かつ、それが監督官庁である金融庁の指導でもあるわけです。

上にある図19をご覧ください。経営者を支援する専門家はさまざまですが、それぞれが異なる官庁の管轄におかれています。それぞれの専門家がそれぞれの論理で動かざるを得ず、経営者サイドでそれらをうまく活用することが求められているわけです。

この中で、特に経営者保証の問題は、行政の縦割りの弊害で、中小企業庁によるガイドラインの成果がいまひとつのところでとどまっている、という話も耳にすることがあります。

体制を批判することは本書の趣旨ではありません。少なくとも、金融機関の方々には、個人保証に伴うリスクについて、自ら注意喚起するクセを付けていただきたいと、当事者の親族として強くお願いしたいところです。

会社の定款は、相続に深く関わっている

次は、本書の事例の中では比較的若い会社のケースです。

H社はまだ10期目ですが、社長の中村さんは70歳。実は、中村さんは58歳で

一度経営破綻を経験し、60歳で再起。レンタルスペース事業を興して10期で年商10億円に。コロナ禍においても売り上げを伸ばしてこられました。

中村さんが再起のときに力を貸してくれたのが竹田さん、当時40歳です。２００万円を出資してくれただけでなく、オフィスの手配や会社定款の作成や登記など、中村さんの60歳での再起業を、さまざまな角度から支援してくれたそうです。

中村さん本人は３００万円を出資して、合わせて５００万円の資本金でスタートしました。以降、竹田さんは40％の株主で、取締役の立場ながら自身の本業（不動産業）に専念し、Ｈ社の現場には関与しない立場をとってきました。

私が中村社長に初めてお会いしたのは2年前、銀行員の古河さんの紹介でした。古河さんは26歳で、若さを活かした営業スタイルで融資営業のみならず保険の窓口販売でも成績優秀、さらなる営業成績のために中村社長に飛び込み営業を敢行。そのガッツが認められアポイントをいただいての訪問ができるまでになっていました。

古河さんは中村社長に、当時評判となってよく販売されていた、とある保険が最適ではないかと考えて提案。

すると中村社長から「あんたは金貸しのプロやろ。保険は保険屋から入るもんや」という言葉が返ってきました。

そこで古河さんは、自分の営業成績のことはいったん横におき、大学時代の先輩のつてで私とのご縁にたどりついたのでした。


初回の訪問はコロナ禍ゆえにリモートミーティングでしたが、中村社長は「次は対面で話を聞かせて欲しい」と言ってくださり、私は古河さんと共にH社の大阪本社を訪問しました。

中村社長は社長室に私たちを招き入れ、

「古河さん、ありがとう。君はホンマ優秀やな。僕のリクエストを真に受けて、保険のプロを連れてきてくれたんやな！　一口付き合うわ」

「社長、ありがとうございます！」

「ところで石渡さん、私は何から考えたらよろしいんでしょう？」

中村社長の質問に、私はこう答えました。

「社長、いきなりなのですが、まず御社の定款を見せていただいてもいいでしょうか？」

「は？　定款？　いろんな保険屋さんと付き合ってきたけど、定款を見せてくれ、なんて初めてですわ。どこやったかな……」

そう言いながら、中村社長は社長室の本棚からファイルを出してきました。

「これやこれや。必要ならコピーとりましょか？」

「まずはこのまま拝見します。……社長、今、竹田さんとはどのような関係なのでしょうか？」

「いやー、実は石渡さん、この前ね、うちの成長株のSくんを取締役に加えたいという話をしたら、竹田くんが『反対です』ってぬかすねん。もっと早いうちに彼との関係を清算しておくべきやったわぁ」

「創業時にはいろいろ助けてくれた竹田さんは、今となっては敵対状態ということなのでしょうか？」

「敵対、とまではいかへんけどな、株を買い取らせてくれって話は切り出せませんわ。ここから株価は上がると思うとるはずでね。コロナ禍でも株価が上がるって思ってもらえるのはありがたいことなんやけど、出資してくれた200万円返すわ、では済まへんね」

「社長、それは低額譲渡（時価よりも著しく安く売買した際に、贈与認定されてしまうこと）という税務上の問題が生じます。それよりも社長、定款のここをご覧ください」

「なになに、相続人等に対する売渡請求？　何やの、これ？」

「つまりですね、もしも今竹田さんが亡くなったら、竹田さんの株は、本来は竹田さんのご遺族に相続されてしまうのですが、この規定があれば、竹田さんのご遺族から会社が強制的に買い取れるのです」

「ほーほー。そりゃ、ええこっちゃ」

「ところが社長、逆に、万が一中村社長が亡くなってしまうと、同じことが起きるわけです。つまり、中村社長の株は会社によって買い取られ、株主は100%竹田さんになってしまうということなんです」

「は……？　石渡さん、それだけはあかん。この会社があいつのものになることだけは避けたい。どうすればいいんでしょう？」

「社長、竹田さんとの関係性を、改めてお聞かせ願えますか？」

社長の〝万が一〟をシミュレーションしていますか？

私はライフプランナーという立場でオーナー経営者の方々と関わらせていただく際に、「プランA」と「プランB」という話をします。

プランAとは、平時のシナリオであり、理想とするシナリオです。会社としての進みたい方向性や改善を要するポイントをお聞きするのはもちろん、社長が会社の社長であると同時に一人の人間として、何がその方にとっての幸せで、人としてどのような人生を送っていきたいとお考えなのか、ご家族のことをどのように思っていらっしゃるのか、70代や80代の方であれば、迫りくる相続のことをどのように進めたいとお考えなのかをお聞きするようにしています。

一方で、プランBとは、プランAがとん挫した場合のプランです。社長の突然の死亡、認知症の罹患、大病で現場から離れなければならなくなった場合などを想定し、どんな混乱が起こりうるか、誰に何を任せたらいいのか、緊急にどんな資金需要が生まれてしまうのか、などを話し合います。

プランBを策定していくうえで、自社の定款をチェックすることは非常に重要です。なぜならそこには、取締役の選定方法、代表取締役の選任方法が書いてあるからです。代表取締役である社長が亡くなったときに、誰が代わりの取締役になるのか？　代表取締役になるのか？　これが決まらないと、会社として外部に対して何もできません。せっかく加入していた生命保険も、新たな代表取締役が決まらないと、保険会社に対して請求手続きすらできないのです。

多くの会社の定款では、役員のことよりも先に、株式のこと、株主総会のことが規定されているものです。それだけ株式会社を運営するうえで、株式や株主のことを規定することが重要ということでしょう。中には、H社のように、「相続人等に対する売渡請求」について規定している定款も多いのです。

中村社長は定款作成を竹田さんに任せてしまい、この定めがどのような意味をもつのかを認識していませんでした。そこをライフプランナーに指摘されて、対策の必要性に気づいたというわけです。

生命保険を法人契約するときには注意が必要

私の実家の事例と同じように、中村さんも銀行融資に対しては当たり前のように個人保証をしていました。すぐには保証の解除を実現できる状況でもありません。

こういう状況で、多くの経営者は「万が一の際には借入を完済（または一部返済）できるように、法人契約で生命保険に加入しておこう」とお考えになることでしょう。

生命保険のセールスパーソンも、それを一生懸命にお勧めするはずです。

しかし、中村さんの状況で生命保険を法人契約するとどうなるでしょうか。

社長の死後、新たな株主は竹田さんとなり、代表取締役は竹田さんになってしまうので、法人で受け取った保険金は、竹田さんのコントロール下におかれてしまいます。銀行への返済にあてるのか、何に使うかは竹田さんの自由です。

一方、中村さんの死に伴って、連帯保証債務は当然に遺族に相続されてしまいます。

それを消すために竹田さんが努力をしてくれるとは思えません。むしろその逆のことが起こりそうで、想像するだけでも恐ろしいことです。

そこで私は、中村さんには生命保険は法人契約するのではなく、個人で契約することをご提案しました。個人で契約した生命保険は、被保険者である中村さんが亡くなった場合に、あらかじめ定められた保険金受取人の「固有財産」となります。仮に、大きな連帯保証債務から逃れるために、社長の遺族が「相続放棄」をしたとしても、保険金までは放棄しなくて済むのです。


保険加入の診査を無事に終えられた中村さんは、

「古河くん、石渡さんを紹介してくれてありがとう」

と感謝の言葉を述べました。

古河さんはうれしそうな笑みを浮かべ、私にぺこりと頭を下げました。

「石渡さん、ありがとうございます！　おかげさまで、中村社長と当行とのお取引もまとまりました。個人保証はお願いしてしまいましたが（笑）」

私も、対策の一歩を踏み出すことができたことに、一定の安堵感をもてていました。

「社長、まだまだ事業を拡大していかれるのですよね。経営のアクセルとブレーキのバランスをとっていくお手伝いをさせていただきます」

「石渡さん、よろしゅうたのんます。僕に万が一のときに、いやもう僕も70歳だから、いつ何があってもおかしくはないんだけど、妻と娘を経済的には何とか守ってやれそうです。でも、竹田くんとのことをどうにかせんと……。頑張ってくれているみんなや取引先のためにも、死んでも死にきれへん！」

「対策は始まったばかりです。一歩一歩、進めていきましょう」

大戸屋のお家騒動から考える生命保険金の「目的」と「使われ方」

10例目となる次のケースは、大戸屋です。

こちらは「お家騒動」として実名で報道されており、創業者・三森久実氏のご子息・智仁氏の著書『創業家に生まれて〜定食・大戸屋をつくった男とその家族』（日経BP社）にも詳しく書かれていますので、ご存じの方も多いかもしれません。

「女性が一人でも入りやすい定食屋」として全国チェーンとなった大戸屋は、もともとは東京・池袋の定食屋でした。

「全品50円均一」というユニークな商売で「50円食堂」として親しまれ、連日1000人を超えるお客でにぎわっていたお店です。その店主には子どもがおらず、甥っ子の久実氏を15歳のときに養子にとりました。養父は57歳で肝硬変を患って亡くなります。そのとき久実氏は21歳になっていて、フレンチのシェフとして修業をしていましたが、世話になった養父の定食事業を引き継ぐことにしました。

「汚い定食屋のおやじ」という養父の評判をくつがえしたい。そんな反骨心から事業をスタートさせた久実氏は、4年後には大戸屋を株式会社化し、翌年には高田馬場に2号店、その2年後に吉祥寺に3号店を出店。定食屋の多店化を進めます。

1992年の吉祥寺店全焼というピンチをきっかけに、店名を「大戸屋食堂」から「大戸屋ごはん処」に変更。男性客中心の定食屋から、女性客や家族客が入りやすい新しい定食店に生まれ変わります。

2001年には66店舗にまで拡大し、久実氏は「定食ブームの火付け役」といわれるようになりました。そして、店頭市場（のちのジャスダック、今日の東証スタンダード市場）に新規上場を果たします。

2012年に久実氏は会長職となり、いとこの窪田氏を社長に据えて国内事業を任せ、自身は海外事業に注力していましたが、2015年7月、養父と同じ57歳のとき、肺がんで亡くなりました。

お家騒動のきっかけは、どこの会社でも起こりがちな「ちょっとした言い争いだった」と久実氏の長男・智仁氏は著書の中で語っています。

カリスマ経営者の死後、一部の不採算事業が「創業者が残した負の遺産」として社内で大きく取り上げられるようになり、創業者の死から4カ月後の臨時取締役会で、当時常務取締役だった智仁氏が常務から外されることになります。

久実氏が生前に準備していた、生命保険金を原資とする退職金の支給についても、その支給決定のための臨時株主総会の開催が取りやめになってしまいました。

年が明けた2016年2月、智仁氏は取締役を辞任します。

8月には「大戸屋コンプライアンス第三者委員会」が立ち上がり、翌年には創業者功労金が2億円支給されることになりました。しかし、もともと久実氏は、大戸屋株は流動性が低いことから、妻と息子で自身の株式を相続する際に、納税資金が不足することを見越して、8億円の死亡退職金を支給することを計画していました。実際には功労金として退職金が2億円だったために、智仁氏には3億円の銀行借入が残ってしまい、相続した株式の売却へ進むことになります。

久実氏がもっていた18％の株式のうち、13％は妻が相続していましたが、2019年2月に起きた、いわゆる「バイトテロ」（アルバイトが不適切動画をSNSに投稿）を機に、妻は「このまま株をもち続けることが怖い」と感じ、長男の智仁氏とともに、売却に進むことになりました。

「株主の権利を行使して、きちんと経営をけん制できる会社に託したほうが、大戸屋にとってもいいのでは」と考えたそうです（『日経トップリーダー2020年11月号（46ページ）』（日経BP刊）より）。

2019年6月、智仁氏は外食大手のコロワイド（野尻公平社長）に接触し、10月に26億円で売買が成立。この18％を足掛かりにコロワイドはTOB（株式公開買い付け）を仕掛け、成功します。そして2020年11月、コロナ禍が日本全体を覆う中、大戸屋はコロワイドの子会社となったのでした。

窪田氏をはじめとする大戸屋の取締役10名は解任され、智仁氏は取締役に返り咲くこととなりました。

このようなお家騒動を、亡くなった久実氏は黄泉《よみ》の国で望んでいたはずもありません。

このケースは、上場会社ゆえの特有のケースかというと、そうではありません。一つ前のケースと同じで、社長死亡時のことが真剣にシミュレーションされていなかったために起こったこととといえます。

残された取締役会は、まさか自分たちが解任されるという結末を想定できていたでしょうか？　想定できていれば、創業者の退職金を8億円から2億円に減額するという判断をしていたでしょうか？　創業者も、8億円という退職金について、どこまで取締役たちとコミュニケーションできていたでしょうか？

生命保険金は10億円支払われたとも聞かれます。生命保険金を「創業者の負の遺産」の清算にあてたり、不測の事態への備えにすることを優先させたりした取締役会の意思決定は、非難されるものだったでしょうか？

せっかくの生命保険が、加入の目的の通りには使われない。このようなことは、大戸屋に限らず、多くの会社で起きうることなのです。

第5章

医療法人の特殊性が承継を難しくする

「僕が死んだら、出資持分を売ればいいんですよ」

第5章では、われわれが日ごろお世話になっている病院やクリニックのケースをご紹介していきます。

はじめに、病院とクリニックの違いをご存じでしょうか？　これは「医療法」に定め

図 20：医療法人と一般の事業会社の主な違い

	事業法人（株式会社等）	医療法人社団
最高意思決定機関	株主総会	**社員総会**
業務執行	取締役会（設置会社の場合）	**理事会**
配当	配当が目的	配当禁止
株主総会／社員総会での議決権	**持株数に応じてあり**	**社員一人1票**
財産権	あり	経過措置医療法人あり それ以外の医療法人なし
法人税	通常税率	一般医療法人は事業法人に準ずる 特定医療法人は軽減税率 社会医療法人は非課税
事業税	あり	社会保険診療については事業税なし
事業承継税制	民法特例・相続税の納税猶予・贈与税の納税猶予	活用できない（認定制度あり）
自社株（出資金）の買取り（金庫株）	剰余金分配可能額の範囲でできる	活用できない

られており、病院は「20床以上の入院施設をもつ医療機関」、クリニック（診療所、医院も同じ）は「無床、もしくは19床以下の医療機関」です。

病院やクリニックの経営においては、一般の事業法人と同じように「税法」や「会社法」にのっとった経営が求められることはもちろんですが、さらに「医療法」という法律に沿った経営が求められることになります。

以下、一般の事業法人にはない、医療法に定められた独特の専門用語が出てきますが、ご了解ください。

まずは病院のケースです。

千葉県にある320床の精神科病院は、2代目理事長が50歳、妹の節子さん45歳、妻の恵さん48歳、この3人が医療法人の社員となっていました。妹は独身で、理事長には大学の医学部に通い始めた長男と、高校生の次男の2人の子どもがいました。

理事長はゴルフを趣味にしていた人で、ある真夏の日、ゴルフのプレー中に突然倒れたのです。ゴルフ場で倒れると、救急医療が間に合わず、死に至るケースが多いそうですが、理事長も突然の発作から帰らぬ人となりました。

生前、理事長は「もしも僕が死んだら、出資持分を売ればいいんですよ」と言っていたそうです。

出資持分の評価は約20億円。遺族が相続すれば、相続税の支払いが大変なことになりますが、一般の会社の株式と同じように、医療法人の出資持分も売買の対象になります。売却ができれば遺族は納税ができ、現金が残るでしょう。

中小企業の間で事業承継のためのM&Aが盛んになってきているように、医療法人でもM&Aは増えています。

では、このような医療法人の緊急事業承継において、M&Aはうまくいくのでしょうか？

理事長の四十九日も終わらないうちに、妻・恵さんのもとを事務長の加藤氏が訪ねました。

「奥さま、ご自宅まで押しかけてしまい、申し訳ありません。どうしても決めていただかねばならないことがたくさんありまして」

「加藤さん……、突然のことで、私も何から手をつけていいのやらわかりません。どうかよろしくお願いいたします」

「実は、私も3カ月前に前任の方と交代で事務長になったばかりでして、理事長の口から、もしものときのことなど、何もお聞きしていないのです」

「主人は、自分で何でもやる人でしたから、周りの方にいろいろ相談するタイプではなかったのでしょうね」

「奥さま、まずは新たな理事長を決める必要があります。施設長をしている2人のドクターが理事に入っていますので、どちらかにお願いするのが妥当かと思いますが。ご子息はまだ大学生ですよね？」

「そう言われても、私にどちらの先生にお願いすればいいのかは、決められないわ」

「社員総会を開いていただけませんか？　理事長が亡くなられたので、社員は奥さまと節子さまのお2人。3人目の社員の席をすぐに埋めなくともただちに問題になるわけではありません。しかし理事長不在は問題です」

「節子さんと私で決めないといけないということですね？」

「一般の会社なら、オーナー社長が亡くなれば、その配偶者が株主としての立場を相続することになり、その方の一存でいろいろと決めていくことができるのですが、医療法人の場合にはそうはいきません。節子さまと社員総会を開いていただきまして、理事長の人選を早急にお願いしたいのです」

「早急にって言われても……、社員総会なんて、私にできるかしら？」

「社員総会は、社員の方で開いていただくしかないものですから。そして、当医療法人の定款では、『社員総会の議長は、社員の中から社員総会において選任する』と定められていますので、奥さまか節子さまを議長に決めて、総会を進めるようにしてください」

「加藤さん、ちょっと私には自信がないわ。いろいろ手伝ってくださるかしら？」

「私にできることでしたら。まず、難しい問題として想定されるのは、節子さまと奥さまのどちらかが議長になった場合、議長は、社員として議決に加わることができません。したがって、議長にならなかった方のご意見が通ることになります。ここが、社員総会を進めるうえでの難しいポイントになります」

「え？　では、節子さんと私の考えが食い違ったときにはどうすればいいのですか？」

　恵さんはますます不安になってきました。

「理事長を誰にするか以外に、決めるべきことはまだあるのですか？」

　恵さんは続けて事務長に質問しました。

「はい。理事長がお亡くなりになったことに伴って、一般的には死亡退職金を支給することが考えられます」

「それはぜひお願いしたいわ。主人は『何かあったら出資持分を売れ』と言って、個人で生命保険に入っていなかったのです」

「ご注意いただきたいのは、理事長の死亡退職金を奥さまが受け取るということになりますと、奥さまは社員総会において『特別利害関係人』というお立場になります。社員総会の議長をどうするか、という問題を先ほど述べましたが、そもそも退職金を支給するかどうかの決議に奥さまが加わることができません」

「加藤さん、よく意味がわからないわ。それなら、節子さんが退職金の支給に反対すれば、私は夫が死んでも退職金をもらえないということ？」

「……そうなります」

「そんなのひどいわ。節子さんの立場なら、病院のためにお金を出したくないって考え方になってもおかしくないじゃない？　そうなったら私はどうすればいいの？」

「理事長は法人でも生命保険に加入していらっしゃらなかったんです。節子さまだけでなく、私の立場から考えましても、高額な死亡退職金の支給は難しいかと思います。病院の資金繰りが大変ですので」

「何かいい方法はないのかしら？　このまま節子さんと話し合っても、何も決められない気がします」

「顧問税理士の先生を交えて話し合いましょう」

事務長は、そう提案しました。

四十九日の法要を終えて、事務長と顧問税理士、恵夫人の3人が集まりました。

まず、事務長が口を開きます。

「先生、理事長不在のままでは病院運営に支障が出ます。早急に新たな理事長を決めたいのですが、奥さまもいろいろと悩まれているようで。理事長の出資持分を奥さまとお子さまで相続する場合、相続税はいくらくらいになるのでしょうか？」

「ざっと計算したところ、理事長の出資持分の評価は約20億円です。この半分を奥さまが相続することにすれば、その分には税金はかかりません。しかし残り半分には税金がかかりますので、ざっくり約5億円の納税が求められます」

「ご、5億円ですか!?　そんなお金払えるはずないじゃありませんか？」

恵さんは、あまりの金額の大きさに動揺します。顧問税理士は続けて事務長に聞きました。

「事務長、死亡退職金は出せませんか？　7億円の退職金を奥さまに受け取ってもらえれば、相続税は払えるはずです。退職金の分、相続税も増えますので、奥さまの手元に現金はほとんど残りませんが」

「先生、今の法人にはそれだけの準備はありません。銀行から借入ができても、その返済でキャッシュフローがかなり厳しくなります」

「それならやっぱり、主人が生前に言っていた通り、出資持分を売ってしまうしかないのではないですか？」

「それができれば、確かに奥さまは相続税の心配からは逃れられますね。しかし、簡単に買い手が見つかるかどうか……。それと、社員総会はまとめられますか？　理事長の妹さんはどのようなご意見になるでしょう」

恵さんのすがるような質問に対する顧問税理士の返事は、何一つ安心できるものではありませんでした。

「今度、節子さんと社員総会を開く場には、事務長も先生も来てください」

2人が帰り、独りになった恵さんは、薄暗くなった部屋で大きくため息をつきました。

「こんなことになるなら、夫の生前にいろいろ決めておいてもらうんだったわ。節子さんとの話し合いなんて、うまくいくかしら……」

医療法人の社員総会はデッドロックになりやすい

1週間後、両親の残した家に住む義妹・節子さんのもとへ、恵さんと事務長、顧問税理士が集まりました。

「父と母の相続の際には先生にお世話になりました」

席につくと、節子さんは顧問税理士に礼を言いました。

「先代には大変お世話になりました。このご自宅もしばらくぶりで懐かしいです」

「父と母の相続のことは、兄と先生にお任せして、兄はこの家を私に相続させてくれて。父が言い残してくれたおかげなのか、お給料も兄がきちんと世話してくれましたので、何不自由なくやってこられたのですが、まさかこんなことになるなんて……」

「ご心中お察し申し上げます。本日は病院の運営のために、どうしても節子さまと恵さままで、社員総会を進めていただきたく参りました」

事務長が本題を切り出しました。

「私も社員なんですよね？　父と母が亡くなって、私と恵お義姉さんが社員になったんですよね？」

「そのように前任者から引き継いでおります。それで、近々に社員総会で決めていただきたいことが二つあります。一つ目は、当面の理事長をどなたにするか、です。これは施設長のU先生かV先生かどちらかをお選びいただきます。そして二つ目が大変重要な問題なのですが、当医療法人の出資持分の売却を進めるかどうかです」

「確かに、兄は生前『僕が死んだときにはこの病院を売ってくれ』と言っていましたよね。でも、私、その意味がよくわかっていなかったのです。今になって考えれば、それはつまり、私はもう兄のいたころのようにお給料をもらえなくなるということでしょうし、病院が売れても、入ってくるお金はお義姉さんのものになるのでしょう？」

「おっしゃる通りです」

「そんなこと、私が賛成できるはずないじゃありませんか？　私はこれから、どうやって生活していけばいいんですか？」

「節子さまのお立場は、確かにその通りです。私だって病院が売れてしまって、新たな経営陣が入ってくれば、事務長の仕事を失うかもしれません。しかし、恵さまとしても、もしも亡き理事長の出資持分を相続するとしますと、法人から7億円の死亡退職金を受け取っていただかないと、相続税が払えなくなってしまいます。今の法人に7億円の死亡退職金をお支払いすることは事実上不可能です」

「兄を頼りに私はここまでやってこられましたけど、最期に兄は、一番大事なところを準備することなく逝ってしまったのですね……。お義姉さん、病院で借金してもらって、何とか病院の経営を続けてもらえませんか？」

節子さんにそう言われ、恵さんは、

「節子さん、私だって売れるかどうかもわからないし、売ることなんて考えたくもないんだけど……。そんな大きな借金をして、長男に医師になってもらって引き継がせたいかというと、夫も言っていた通り、病院を売ってしまったほうが、みんな幸せなんじゃないかしら？」

と答えました。すると、節子さんは顔色を変え、

「そんな無責任な！　私はどうすればいいんですか!?」

「私だっていくらで売れるかもわからないし、売れなければ相続税を払えないのよ。病院で借金するなら借金の保証人にもならないといけないみたいだし。大変なのは節子さんだけじゃないのよ！」

「何でお兄さんはこんなに早く亡くなってしまったのよ……。お義姉さん、ちゃんと兄のこと見てくれていたんですか？」

「それ、どういう意味!?」

事務長も顧問税理士も、2人の間を取り持つこともできず、ただそこにいることしかできませんでした。

医師になれなかった兄、医師になった弟

医療法人のもう一つのケースは、埼玉県のある眼科クリニックです。

東京のベッドタウンとして、人口減少社会においても、むしろ人が増えているエリアです。

77歳の理事長は、この地区で35年前に開業し、現在の年商は3億5000万

円。親身な診療が人気で、繁盛していました。ただ、75歳を越えたころから体力の衰えを感じ始めていました。

理事長には長男と次男がおり、長男の健一はドクターを目指しましたがなれず、現在45歳。ほとんど引きこもりで、クリニックで特に仕事はないものの理事の立場にいます。次男の健司は眼科専門医となって、現在42歳。大学病院に勤務しながら、週に一度は父のクリニックの診療とオペを担当するようになっていました。

次男は数年前から、自身のキャリアについて考え始めていました。

――おやじのクリニックを継ぐよりも、好きなところで好きなように自分のクリニックを開業したいな。もしも継ぐことになれば、それはつまり兄貴の面倒を自分が見ることになる。それはあり得ない。兄貴にまともな仕事をさせないで、給料を出している両親はどうかしている。自分だったらその分、クリニックに新たな設備を入れたり、スタッフの給料を高くしたりしていくのにな――。

そんなある日、理事長が自宅の階段で足をすべらせて頭を打つという小さな事故が起きました。動揺したのは72歳になる妻でした。

「お父さんも、そろそろ引退を考えないと……」と思案した妻は、次男に相談をしました。

「あなたもわかっていると思うけど、お父さんはもう77歳なの。そろそろあなたにクリニックの理事長をやってもらいたいと思っているのよ」

「そんなこと、押し付けられても困るんだよ。俺も近いうちに大学病院を辞めて、自分のクリニックを開業しようとしているところなんだ」

「え？　そうなの？　そんなことされたら、うちのクリニックはどうなってしまうのよ!?」

「今は、クリニックをM&Aで手放すのが流行っているじゃないか」

「お父さんも私も、あなたにこのクリニックを残してあげたいと思ってここまで頑張ってきたのよ」

「だから、そんなに俺に押し付けないでくれよ。このクリニックは兄貴を食わせるためにあるんじゃないのかい？」

次男は独りになって考えました。

――母親には少しきつく言いすぎたな。自分の自由になるクリニックもいいけど、おやじが頑張ってきたクリニックをもっと発展させるのも悪くはないか――。

しかし、ここで一つ、心配事が頭に浮かびました。

――いや、待てよ。クリニックを承継するのに、税金がかかるって聞いたことがあるぞ。今のうちのクリニックはどんな状況なんだろう？――

そこで次男は70歳を超えた顧問税理士に連絡をとることにしました。

「珍しいですね、健司坊っちゃんから私にご連絡だなんて。どうされましたか？」

「先生、もしも僕がクリニックを継ぐとなった場合に、どんな税金がかかるのか、教えてもらいたいんです」

「いよいよ承継の決心をされたのですか？　それは心強い。確かに税金が心配ですよね。資料をまとめておきますので、来週坊っちゃんの診療日にうかがいしましょう」

「お願いします」

　翌週、次男は顧問税理士からクリニックの決算書を見せてもらいました。

「こちらのクリニックは院長先生の腕がよく、親身になってくれると評判で、開院以来ずーっと繁盛し続けてこられました。私が顧問をしているクリニックでも、これほど繁盛しているところはありません」

「先生、僕はまだ継ぐとは決めていないんですけどね。仮に継ぐとなったらどれだけ税金がかかって、払えるのかを知りたくて、今日来ていただいたんですよ」

「坊っちゃん、そんなこと言わず、ぜひ継いで差し上げてください。ご両親はそれを望んでおられます。患者さんの中でも、週に一度の坊っちゃんの診察日を楽しみにしている方もおられるのですから」

「今日はそのことではなくて、税金のことが知りたいんですよ」

「あ、はい。この数字をご覧ください」

顧問税理士は決算書の貸借対照表の純資産の部を示しました。そこには5億円を超える数字がありました。

「坊っちゃんがこの純資産を引き継ぐことになりますと、ざっと1億3000万円の相続税がかかります」

「けっこうな額ですね。どうすればそんなお金が払えるんでしょうか？」

するとで、顧問税理士は黙ってしまいました。

「え？　先生、まさか何も対策はなされていないんですか？」

「理事長も奥さまも保険には入っておられたのですが、昨年、解約されていましたて……」

「ここに『現金および預金2億円』ってありますよね。これで何とかできないんですか？」

と、次男が貸借対照表の流動資産のところを指してたずねると、

「いやー、それは皆さんでご相談いただかないと」

という答え。次男は腕組みをしながら、独りごちました。

「そうか。税金は億単位でかかるけど、でもそれはギリギリ何とかなるだけのお金はこの法人にはあるんだな。問題は、僕が継ぐとしたら、母や兄貴から経営に口出しされる状態でやっていけるのかって問題か……」

「坊っちゃん、そればっかりは私には何もできないんですよ」

「父も母も、兄貴のことを守りたいのか、それとも僕に院長をやらせてクリニックを残して欲しいのか、ハッキリしてもらわないと困るんですよね」

オーナー経営者ファミリーの中には「立場の弱い人」が存在する

次男はもやもやしながらも日常に戻っていきました。

自分で開業するならどこでやるか？　自己資金でやれるのか？　スタッフの採用は？　さまざまな準備が必要で、自分もそろそろ40代半ば、開業するなら早く準備を始めたい。

一方で、母からは「お父さんのクリニックを継げるのはあなたしかいない」と言われている。自分で開業して法人の理事長になってしまえば、二つのクリニックの理事長は医療法が認めてくれない。どうしたものか……。

そうして決められないまま1年ほど経過したある日、父が心臓発作で帰らぬ人となったのです。入浴時のヒートショックがきっかけでした。

クリニックの診療は、休診日を1日増やし、アルバイトの先生と次男とで何とか回りました。しかし、理事長不在のままでは済まされません。次男には三つの選択肢がありました。

一つは自分がクリニックを継ぐ。これをすると、自分でやりたいクリニックの新規開業はあきらめなければならない。さらに、母の老後を支え、母亡き後の兄のことも面倒を見ることになる。

二つ目は、出資持分を売却し、第三者にクリニックの経営をゆだねる。まとまったお金が入るはずだが、いつ、どのように売却が進むのかは買い手次第。

また、買い手次第で転売や閉院の可能性もある。

三つ目の選択肢は、クリニックを閉じる。法人の清算によって、どれだけの現金、不動産が残るのかは未知数で、長く父を支えてくれた職員の雇用を途切れさせることにもなる。


理事長の交代は速やかに行政に届け出をしないといけないところ、悩む次男は、母や兄と落ち着いて話し合うことができないでいました。

しびれを切らした顧問税理士から、

「坊っちゃん、そろそろ新たな理事長を県に届け出しませんと」

と催促され、四十九日法要をきっかけに、母と兄と3人で集まることになりました。

次男は考えていました。

——M&Aで売ってしまうのも、クリニックを閉じるのもいいけど、やはり、おやじの残したクリニックを僕が継ぐのが、みんなが一番ハッピーな道かな。

自分のクリニックはあきらめるか……――。

3人が集まると、ふだん物静かな兄が口を開きました。

「これって社員総会だよね。社員総会では議長を決めないといけないんだよね。それは母さんでいいのかな？」

母も次男も驚きました。

「どうしたのよ、よくわからないこと言わないで。今日は健司に理事長をやってもらえるかどうかの返事が聞きたい、ただそれだけなのよ」

少し間があって、

「そうだね、俺もおやじが亡くなってみて考えたんだけど、おやじと母さんのこのクリニックを、俺が継ぐしか選択肢はないのかなって」

と次男が言うと、

「まあ、良かった！　健司、ありがとう！　お父さん、良かったわね」

母は涙をぬぐうと、長男が小さい声で言いました。

「おやじの残した出資持分はどうなるんだい?」

「どうって、兄貴には関係ないだろ。俺が継ぐしかないんだから、俺がもらうよ。税金もかかるし、これから手続きは大変だよ」

「そうはいかないんじゃないかな?」

「はあ? まさかここでそんなこと言われるとは思わなかったよ。母さん、何とか言ってくれよ」

「そうねぇ。健一が言うことももっともよね。出資持分なんて私はいらないけど、2人で仲良く分けてもらえないのかしら?」

「そんなの無理な相談だよ。税金払うことでやっとこなんだよ。それに、医師でない兄貴が出資持分をもらったって意味ないだろ?」

「父さんの残した財産は、僕にも4分の1をもらう権利があるはずだよ」

「おいおい、今までも何もしないで給料もらってきたうえに、こんなときによくそんなこと言えるな。それならいいよ、このクリニックは売ろうよ。それでいいよね? 母さん」

「そ、それは困るわ。健司、何とかしてちょうだい！」

おろおろする母にも、長男の表情は何一つ変わりません。

「母さんが議長で、僕と健司が一票ずつ。意見が割れたら何も決められないね」

「ふざけるな！」

次男はドスンとテーブルをたたいてその場を去りました。

「おやじともっと早くに腹を割って話ができていたらなぁ……」

次男はそうつぶやき、天を仰ぎました。

経営者の急死に備えた「相続訓練」をしていますか？

医療法人の社員は、一般の事業会社の株主と同じように思われるかもしれませんが、まったく異なります。株主は「株式をもつ人（または法人）」ですが、社員は出資持分をもつ人とは限りません。

このケースで、仮に出資持分を100％次男が相続したとしても、母や長男は社員でなくなるわけではないのです。

株式ならば100％を一人が握れば他の人の議決権はゼロになりますが、医療法人の社員の立場は、出資持分とは必ずしも結びつかないのです。したがって、相続の場面で、意見が割れたら何も決まらない、ということが起きやすいのです。

さらに、医療法にはこのような定めがあります。

「社員総会の決議について特別の利害関係を有する社員は、議決に加わることができない」

ここも、特別利害関係人の議決権行使が認められる株主総会との違いになります。取締役会、理事会においては「特別の利害関係を有する取締役（理事）」は議決権を行使できませんが、実は社員総会にも同じことがいえます。

つまり、自分が理事長になる、という社員総会決議において、次男は議決権を行使できないのです。議長となった母も議決権をもちません（可否同数の際には議長が決済）。長男だけが1票をもつことになり、長男が首を縦に振らなければ社員総会は議決をとれないことになります。

長男も、自分が医師ではないので、次男に理事長をしてもらうしか選択肢がないことは頭では理解しているのでしょうが、優秀な弟へのねたみもあるのでしょう。次男に「兄貴には関係ない」と言われて態度を固くしたのでした。

亡くなった父親は、このような事態を想定していたでしょうか？　おそらく、まったくの想定外のことと思います。しかし、想定外で済ませていいのでしょうか？

急な自然災害に備えて防災訓練、避難訓練をするように、経営者の死亡に備えた「相続訓練」「事業承継訓練」が必要です。

このケースのように長男が引きこもりだったり、あるいは障害をもつ方が家庭内にいたりする場合の「親亡き後問題」は社会問題になっています。

このケースの次男には、さまざまな負荷がかかりますので、両親の生前から専門家を交えた対策が重要になるのです。

第2部
親族承継に光を！

第1部では、親族承継の難しさを12の事例から見てきました。

「こんなにもめるなら、親族での承継は早くからあきらめて、第三者への承継を軸に考えたほうがよいのでは？」と感じた方もおられるかもしれません。

しかし、これからの第2部を読んでいただければ、「親族承継を軸に進めたい」と思っていただけるかもしれません。

ここでは、起きてしまったもめごとの解決策について解説し、さらに、もめていない会社のケースもご紹介します。

そもそも、「きょうだいはもめるもの」という前提がおかしくないだろうか、と思われた方もいらっしゃるでしょう。「きょうだいだからこそ力を合わせて事業を承継、永続させていくことを目指せないものか？」という問いにも答えていきます。

第6章 後継者に株を渡す前にすべき、大切なこととは？

相続の「持ち戻し制度」「遺留分侵害」から後継者を守ろう

税理士の松本さん（55歳）は、税理士事務所を経営する立場として悩みを抱えていました。クライアントの多くが高齢化してきていたからです。

――「65歳には息子に譲りたい、引退だ」と言っていた社長が、70歳を超えても社長を続けているケースがざらになってきた。もしも事業承継ができずに黒字廃業などになったら、事務所として確実に売上が減ることになる。自分の知らないところでM&A（売却）にでもなれば、確実に関与は切れてしまう。これまで通り、もう法人税の申告だけやっているわけにはいかないぞ。もっと事業承継や相続の対策に積極的に関わらないと、事務所の未来はない――。

松本さんの心配事は尽きません。

そこで、意を決し、税理士向けに行われている3時間のセミナーに参加してみることにしました。テーマに惹かれて受けてみたいと思いながら、忙しさに追われてなかなか参加できなかったセミナーでした。

リアル開催を撮影し、数日後からオンデマンド受講のできるスタイルのためなのか、会場に来ている人は10名ほど。そこには同業者と思える人だけでなく、パリッとした身なりの整った保険の営業かとおぼしき人も交じっていました。「いろんな人が来ているなぁ」と思いながらも、大手税理士法人からやってきたという講師の話に、すぐに引き込まれていきました。

顧問税理士の関わりがまずかったために、経営者ファミリーが相続でもめてしまった事例（第1章1例目の田中さんのケース）が取り上げられており、松本さんはハッとすることが多くありました。

話を聞きながら、松本さんの頭の中では、いろいろな思いが交錯していました。

――株価の低いうちに、計画的に後継者に株式を贈与していく。普通にいい対策に思えるけどなぁ。生前に後継者に贈与した株式が、相続の際に「相続時の時価」で持ち戻されるとは、自分も知らなかった。今まで法人税の申告を業務の中心にしてきたのだから仕方ないか。

これから株の承継に関わっていくとすれば、大変なことになりそうだけど、やりがいはありそうだ。クライアントの社長やご家族に喜んでもらえるに違いない――。

松本さんはセミナー終了後、学びを整理し、実際に自分が「70歳で元気な会長・田中さんの父」に出会ったら、どんな提案をすべきかをノートにまとめました。

２０２×年×月×日

・後継者が定まっているならば、70歳という、まだ元気なうちに株式を後継者に渡すことはぜひ勧めるべきだ。年をとるほど渡す決心がつきにくくなるし、ある日突然認知症になってしまうリスクもある。

・株を渡す決心がつかない場合には、遺言で「株式は長男に相続させる」と指定しておく。相続人の間で共有になったら大変。後継者がまだ頼りなければ、後継者を相続のもめごとから守ってやることはなおさら、先代としての務め。相続での会社の混乱は最小限に抑えたい。

・遺言は、全財産について定める必要はなく、株式についてだけ遺言することも可能。

↓これは知らなかった！　株だけの遺言だったら、すぐにでも勧めたい社長がいる（255ページ参照）。

・「まだ後継者が頼りない、株を渡すのは早い」と思う社長は多い。会社を長く成長させてきた自分と比べてしまえば、後継者がまだまだ力不足に見えてしまうのは世の常。思い切って株式を渡してしまうことも、後継者を独り立ちさせる育成策の一つといえる。

↓なるほど！ そういう勧め方もあるのか。相続専門で場数を踏んでいる人は、同じ税理士でも全然違う。

・「持ち戻し免除の意思表示」が重要

↓後継者に株を渡すことのできた経営者には、併せて「持ち戻し免除の意思表示」をお勧めする。

ここまで書いて、松本さんは思いました。

――例えば、生前に贈与された株式が相続時に3億円の評価となり、相続時の財産が3億円の場合、もしも持ち戻し免除の意思表示がなければ、相続財産は6億円となって、3人きょうだいなら3人の相続分はそれぞれ2億円ずつ。遺留分は1億円ずつ。ということは、兄は株式3億円を相続したことになるので、妹たちが相続時の財産3億円を半々で分けることになり、兄は株式以外の財産は相続できないことになる。持ち戻し免除の意思表示があれば、相続財産は3億円。妹たちも兄も1億円ずつ相続し、妹たちの遺留分の1億円は守られたことになるし、兄も株式以外の財産を相続できる。なるほど。

しかし、相続時の株価が12億円まで高くなったこの事例の場合を考えると、状況は異なる。遺留分の算定基礎財産額が15億円、妹たちの遺留分が6分の1で2億5000万円ずつ。仮に持ち戻し免除の意思表示がなかった場合、妹たちは相続財産である3億円を1億5000万円ずつわけあったうえで、兄に対して1億円ずつ遺留分侵害額請求ができてしまう。持ち戻し免除の意思表示があって、3億円の相続財産を3人で分けたとしても、妹たちは遺留分2億5000万円と相続した1億円の差し引き1億5000万円の遺留分侵害額請求を兄に対して起こす権利があるので、結果としては同じになってしまう、ということか。遺留分の問題は難しい……。

そもそも、うちのクライアントでご家族のことをここまで把握できているところは、どれだけあるだろうか――。そんな疑問が湧いてきたのです。

株式の贈与とともに、「除外合意」を検討していますか？

松本さんは、セミナーの終わりに配られたチラシを思い出しました。同じ講師による翌週のセミナーの告知で、テーマは「クライアントに納税猶予をお勧めする際に、『除外合意』もセットでお勧めできていますか？」でした。

納税猶予はある程度勉強したけれど具体的に勧めた顧問先はなく、しかも除外合意なんて、税理士には関係ないと思っていた松本さんは、さらに学びを深めたいと、次の週も参加することにしました。

2回目のセミナーで紹介されていた事例は、経営承継円滑化法の落とし穴にはまった佐藤さんのケース（第1章2例目）。それは、松本さんにとって衝撃的な内容でした。

――経営承継円滑化法（27ページ参照）の趣旨を、自分はまったく理解できていなかった。株の贈与には税金がかかること、納税が猶予される制度ができたことにばかり目がいっていたけれど、それよりもっと大事なことは、株の贈与は遺留分侵害に直結することで、これを国は2008年に法律をつくるときに見越していたのか。

だから、生前に贈与した株式が、相続の際に持ち戻されて遺留分の問題が起きないように、『除外合意』という制度をつくっていたということか……。

除外合意をセットでお勧めしないと、後継者に贈与された株が相続の際に持ち戻されて、遺留分問題で後継者は困り果てることになるわけだ。税金面のことしか見ない勧め方をした税理士事務所の責任問題にも発展しかねない。

納税猶予に詳しくなることは税理士として当たり前だとしても、除外合意のことにも詳しくならないと、クライアントに納税猶予を勧めてはいけないわけだな――。

さまざまな気づきを得た松本さんは、これからクライアントに関わっていくうえで重要だと思われることを書き留めました。

202×年×月×日

・事業承継においては、後継者が定まっているかどうかが一丁目一番地。後継者が定まっているとしたら、それだけで大きなアドバンテージ。これを活かさぬ理由はない。

・経営者には70歳前後で株式の贈与を促したい。年齢とともに意思能力は弱っていくことは避けられない。

・経営者の財産は株式に集中しがち。したがって、後継者と非後継者の間に遺留分侵害の問題が起きることは避けがたい。

・株式は相続人から見れば「財産権」でもあるが、会社のかじ取りに不可欠な「議決権」でもある。事業にタッチしないきょうだいには渡さずに、「後継者にまとめての贈与」が経営にとっては無難。

・国は株式の生前贈与を二つの制度で支援してくれている。遺留分対策としての「除外合意」と、納税対策としての「納税猶予」。

・納税対策を軸に考えていくと、遺留分対策がおろそかになりやすい。

・税理士単独での対策は不可能と心得る。遺留分の対策には、弁護士を交える。

↓なるほど！　確かに。税理士だけでは責任を負いきれない問題。

・以前からある「遺留分の放棄」という手続きの場合、放棄する立場の子も裁判所に出向く必要があった。一方で、除外合意の手続きなら、合意書さえまとまってしまえば、後継者が単独で手続きを進めることができる。

↓これは放棄する側の子の手間を減らすことにもなるし、後継者にとっても助かりそう。

・「遺留分放棄も除外合意も、放棄する側にメリットがないので、もめそうな家族には使えない」と思われてきたが、もめそうにない家族だって、実際に相続になればどうなるかわからない。もめそうにない家族にこそ、親の目の黒いうちに、継ぐ子どもも継がない子どもも交えて話し合いをして合意をしておくことは、特に継ぐ子どもにとっては大きな安心につながる。

↓確かに、これまで除外合意についてあまりにも無関心だったが、しっかり学んでみる必要がありそうだ。

・除外合意の実現には、「衡平を図る措置」が肝。不動産や現金（年金）を渡す仕組みをつくる。

↓これも税理士だけではできないこと。

・納税猶予は、先々の代まで繰り返し活用するよりも、特例措置の間での活用に限定を。贈与税の猶予を受けたのちには、相続の際に税金を払えるように会社で準備し、相続で猶予を終わらせるのがベター。

↓なるほど！　そうすれば、制度の制約から早めに逃れることができる。贈与から相続までの間だけ、時間を稼げれば十分、と捉える。相続の際には、先代の死亡保険金を納税にあてられるはず。この制度は免除ではなく、あくまでも猶予だから、どこで制度から降りるかを決めておくことには意味がありそう。

・株式以外の財産にかかる税金に注意。納税資金を死亡退職金や生命保険で確保する。

↓うちに出入りしている保険屋さんで大丈夫か？

コラム　持ち戻し制度から後継者を守る「除外合意」とは？

遺留分に関する民法の特例（除外合意）とは、どのようなものなのか、次のページにある図でご説明したいと思います。

民法の「持ち戻し制度」が円滑な事業承継を邪魔している?!

【具体例】父:A(オーナー経営者) 子ども:B(後継者)、C、D

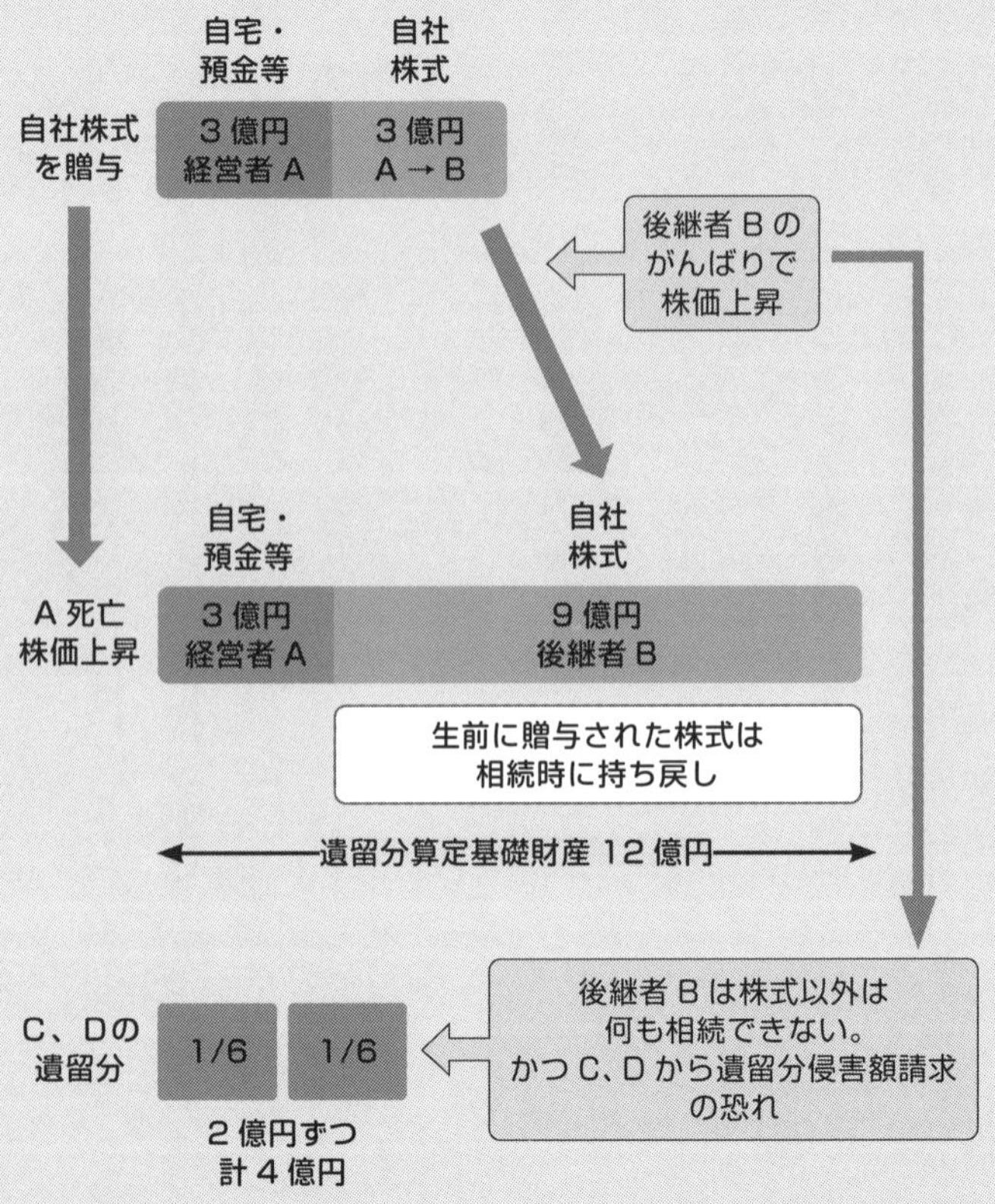

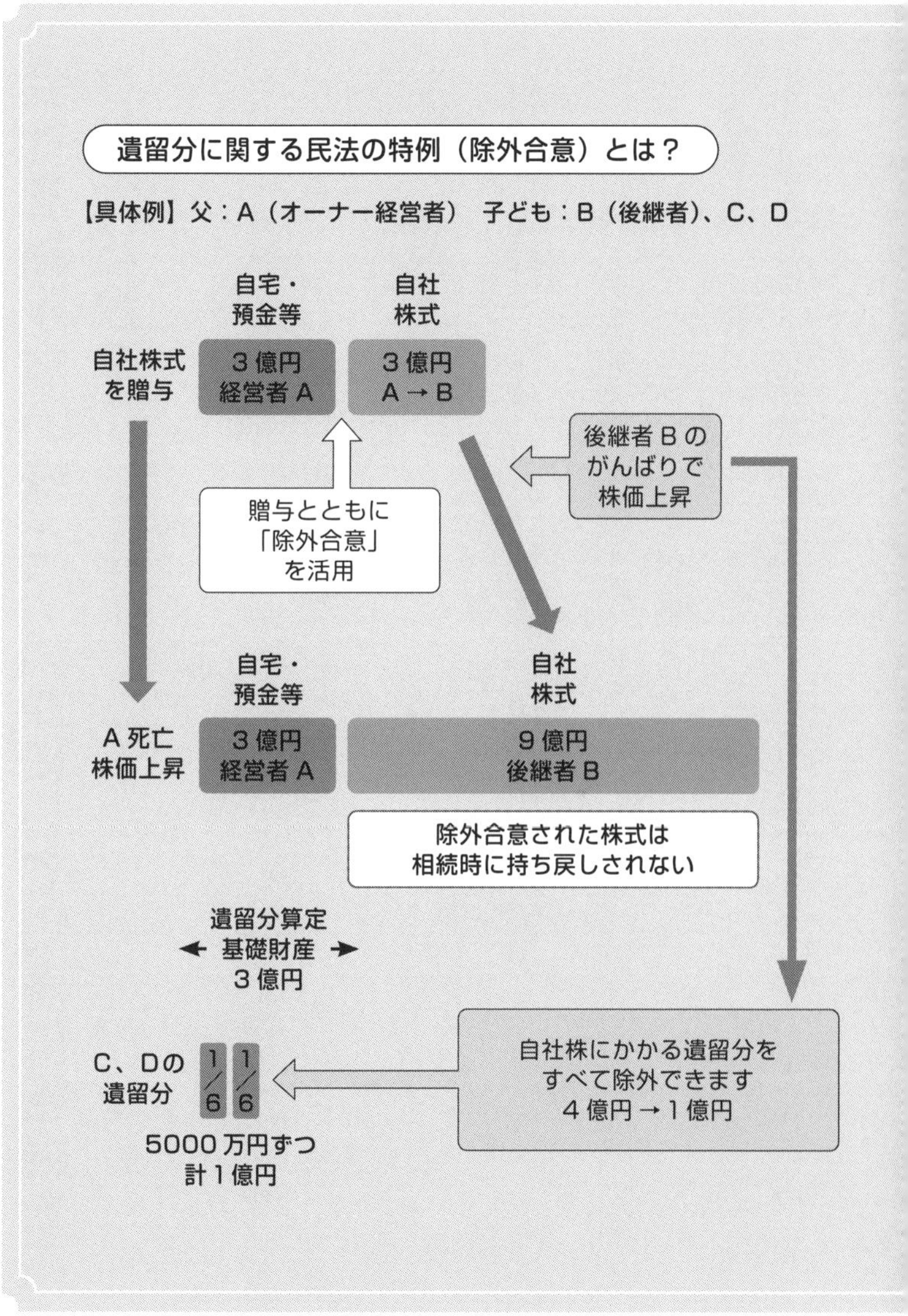
遺留分に関する民法の特例（除外合意）とは？
【具体例】父：A（オーナー経営者）　子ども：B（後継者）、C、D
自宅・預金等
自社株式
自社株式を贈与
3億円 経営者A
3億円 A→B
後継者Bのがんばりで株価上昇
贈与とともに「除外合意」を活用
自宅・預金等
自社株式
A死亡 株価上昇
3億円 経営者A
9億円 後継者B
除外合意された株式は相続時に持ち戻しされない
遺留分算定基礎財産 3億円
C、Dの遺留分
1/6 1/6
5000万円ずつ 計1億円
自社株にかかる遺留分をすべて除外できます
4億円→1億円

会社を継がない妹と、いかにして円満に相続を乗り越えるか？

2回目のセミナーでは、第1章の「佐藤さんのケース」で何が問題だったのかを浮き彫りにしたあと、どのような対策が可能なのか、一つのストーリーが示されました。

成功ストーリー

相続人全員で「除外合意」に至り、円満相続が実現

2代目社長の佐藤さん。75歳で脳卒中を発症し、入院生活を経て、そろそろ息子に経営を任せようと承継を決意しました。

顧問税理士の岸さんに相談をすると、こうたずねられます。

「社長、株式をご子息に譲るのに、今ちょうど良い制度がありますよ。社長のと

ころは後継者のご子息のほかに、お子さまはご長女がいらっしゃいましたよね？」

「娘が何か関係あるのですか？」

不審がる社長に、岸さんは丁寧に説明を始めました。

「大ありなんですよ、社長。株式を贈与することそのものは、渡す側の社長と、もらう側のご子息の間でできることですが、2人だけで贈与の手続きを進めてしまうと、あとで必ず大きな問題が起きてしまうのです」

「え？　税金の問題ではなくて？」

「税金も確かに大きな問題です。でも、実は『持ち戻し』と『遺留分』のほうが、はるかに大きな問題で、後継者にとっては、経営をゆるがす大問題になりかねないのです」

「岸先生、何か大げさすぎやしませんか？」

「通常ですと、贈与税をどうするかが気になります。贈与に伴ってすぐに課せられるのが贈与税ですから。これを当面の間ゼロにできる制度がありますので、そちらももちろんお勧めするのですが、同時に『除外合意』という制度をご案内させていただきたいのです」

佐藤さんは、岸さんの言うことがよく理解できませんでした。

日を改めて、岸さんは50歳前後の男性を伴って佐藤さんと長男の前に現れました。

「社長、通常弁護士さんは、相続のもめごとが起きてから頼られる職種ですが、林先生は、相続でもめごとが起きないように、事前に経営者に関わってくださる珍しい弁護士さんなんです」

「はじめまして、弁護士の林です。岸先生からお話はお聞きしております。このたびは、株式の贈与を社長とご長男さまとの間で進めたい、ということでお間違いありませんでしょうか？」

「そうです。しかし……、まさか弁護士さんに出てきていただくとは、思ってもいませんでしたよ」

「そう思われるのも仕方ありません。株の贈与といえば、税金の対策が必要と皆さんお思いになりますよね。しかし、税金の問題よりも大きな問題は、遺留分の問題なのです」

「この前、岸先生からも聞きましたけれど、私も息子もそこがよくわからないのですよ」

佐藤さんはそう言って、林さんに説明を促しました。

「わかりました。岸先生の試算によりますと、相続税を計算するうえでの御社の株価は約20億円とお聞きしています。この株価がいくらであろうとも、贈与税ゼロで贈与できる制度が『納税猶予の特例措置』という制度です」

「私は早くそれをやって欲しいと思っているのですが」

「そうですよね。しかし、社長とご長男さまのお2人の間だけで贈与契約を進めて、もし数年後、社長が亡くなられて相続となった場合には、生前に贈与された株式は相続財産として持ち戻されることになります。しかも、その際の株価の評価は、岸先生の試算の20億円とは異なる評価になる可能性があるのです」

「異なる評価？　それは20億円より高くなるってことですか？」

　佐藤さんと長男は驚いて聞き返しました。

「そうなることが想定されます。株をもらえなかったお嬢さまの立場から株式を評価する場合、税金上の評価は関係なくなります。実は、株価の評価にはおよそ三つの考え方がありまして、一つは仮に会社が解散した場合の評価で、プラスの資産とマイナスの負債を精算したとする金額です。これは帳簿の純資産に、土地などの含み益を加えたものになります」

「うーん。それが評価だとしたら、20億どころか、50億円になってしまう。娘にはその4分の1が相続分で、8分の1が遺留分になる、ということですね？」

「相続分も遺留分も遺産全体で計算するので、その通りとは言い切れませんが、おおむねご理解の通りです」

「では林先生、あと二つの考え方は？」

「はい。二つ目は、これからの将来、会社が生み出すであろう利益を合計する、という考え方です。そして三つ目は、御社に似た企業がどれだけの株価をつけているか、ということから推測する方法です」

「株価の話は難しいですね……。しかも、税理士さんではなく、弁護士さんから説明を受けるとは意外でした。要は、私から株式を受け取った息子は、私が死んだときに、娘から相当に高い金額を請求されてしまう、ということなんですね？」

「その可能性が高いといわざるを得ません」

すると、じっと話を聞いていた長男が口を開きました。

「もしそんな額を請求されたら、僕はどうすればいいのでしょうか？」

「現金を銀行からお借入になるか、会社から借りるかでしょう」

図21：佐藤さんの家系図

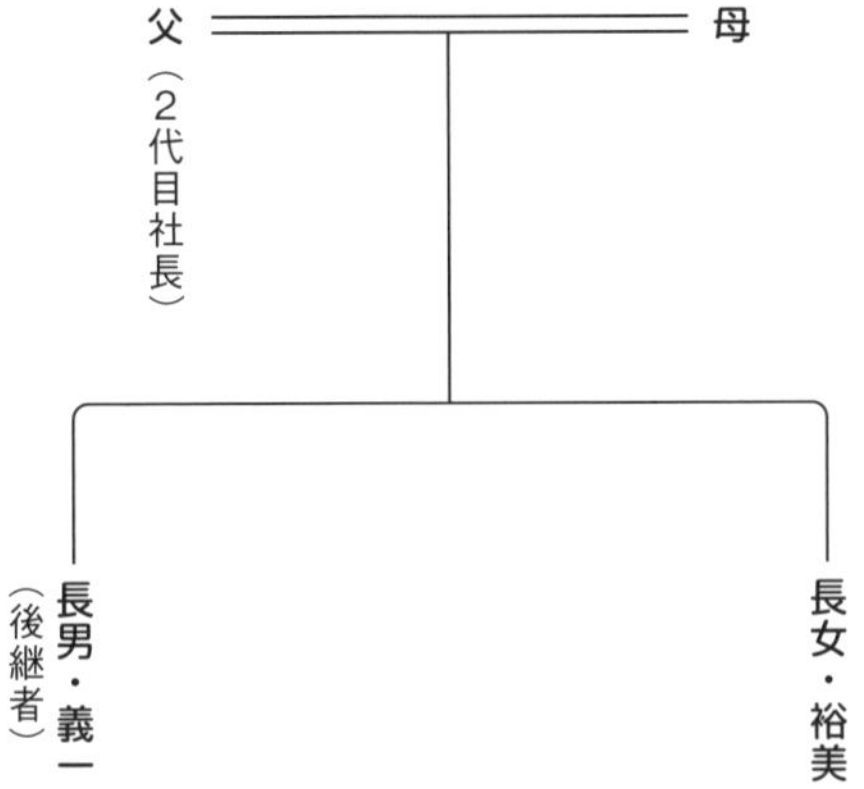

図 22：贈与時の株価と、相続時の株価の違い

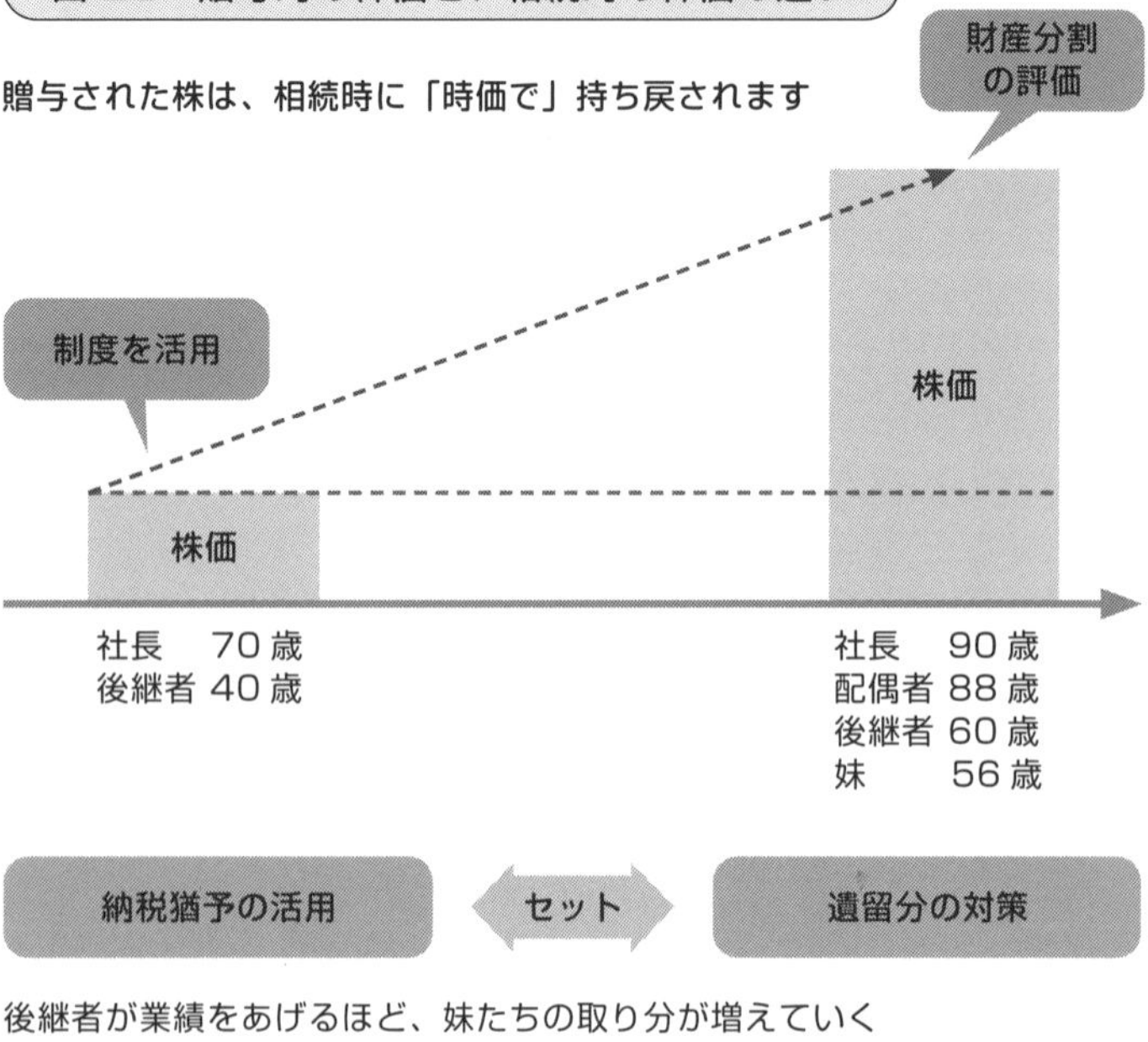

「なんだか理不尽ですね……」

岸さんは長男の言葉にうなずきました。

「その理不尽さに早く気づいていただきたくて、本日は弁護士の林先生をお連れしたのです」

林さんの話は続きます。

「法律は、後継者だけの味方にはなってくれません。会社を継がな

い方だけの味方にもなりません。あくまでもお互いにフェアな話し合いができるように、後押しをする形になっています。しかし、それが事業承継の足かせになっていることを国も認めたうえで、『除外合意』という制度を２００８年につくりました」

「除外合意というのは、生前に贈与された株式を、遺留分の算定において相続財産には持ち戻ししないように〝除外する〟ということですか？」

佐藤さんがたずねました。

「その通りです。生前贈与の手続きを進めてしまう前に、お嬢さまに『除外合意』の内諾を得ていただきたいのです。もしも内諾を得られないようなら、性急に贈与を進めるのではなく、他の承継方法も検討すべきです」

「他の承継方法とは？」

娘が内諾しないなんてことがあるだろうか……と思いつつも、佐藤さんは他の承継方法が気になります。

「代表的な方法は二つあります。一つは、持株会社をつくって銀行から融資を受け、社長の株式を持株会社に売却するという方法です。この方法のメリットは、株式をご長男に贈与しないので、妹さんとの遺留分の問題に株式が影響しません。かつ、社長の手元に現金が入りますので、その現金を利用して、ご長男とご長女とに社長の思う通りに分けて残すことが可能です。しかし、この方法のデメリットは、株式の譲渡に伴う所得税がかさんでしまうことと、持株会社での資金調達、そしてその返済に大きなコストがかかるところです。

もう一つの方法は、ご長男が相続の際に株式を会社に売却して現金をつくり、妹さんからの遺留分侵害額請求に応じるという方法です。これはこれで、遺留分侵害額がいくらになるのかが現時点では測りきれず、会社としてどれだけ資金準備をしておくべきかが難しい問題として残ることになります。さらに、そうした金銭上の問題以上に、実の妹さんからお兄さんが遺留分侵害額請求を受けてしまう時点で、きょうだい関係はその後、ギクシャクしたものになることが予想されます」

そして、顧問税理士の岸さんは、佐藤さんに次のように勧めました。

「社長とお嬢さまとで話し合っていただき、①ご長男に株式を贈与すること、②贈与された株式を、相続の際には持ち戻ししないこと、③その見返りとなる何かをお父さまである社長がお嬢さまに準備すること。この三つに合意をいただいて、円満相続に向かっていただくことが本筋ではないかと思います。

社長のお嬢さまは聡明な方ですから、お父さまの口からきちんと説明を受ければ、きっとご理解されると思うのです。多くの経営者は、そこをきちんと話すことなく相続を迎えられてしまいます。すると、株をもらえなかったお子さまは、『なぜ？』というお気持ちを抱えたまま、株をもらった後継者と遺留分をめぐって争うことになることが多いのです。遺留分をお金で受け取ることができても、感情的には後継者との関係は断絶してしまいます。この問題は、〝勘定〟よりも〝感情〟の問題なのです」

「勘定よりも、感情かぁ。なるほど……」

佐藤さんは腕を組み、大きくうなずきました。

「だから今のうちに娘と腹を割って話せ、ということですね？　そうしておかないと、私が死んだあとに、息子と娘がもめることになるし、会社も傾きかねないと」

「もめると決めつけているわけではありません。ご長男としては、今のお話、どのようにお感じになりますか？」

岸さんは長男にたずねました。

「妹には母の世話を任せていきたいし、もめたくはありませんね。ご説明を聞いて、僕と父で株のことをすべて勝手に進めてしまえば、のちのち相続で妹が権利を主張できる立場になることは理解しました。実際にそうなったら、妹も権利を主張するでしょうね。夫も加勢してくるだろうし、やっかいなことになりそうです。僕も父以上に高収益な会社をつくっていくつもりですから、株価は上がっていくでしょうし、対策は必要だと思います。確かに、勘定の対策以上に、感情の対策ですね」

「ぜひ、ご長男には企業価値を高める会社経営に専念していただきたい。そのために、株式の承継対策は、ご長女の理解を得ながら慎重に進めていただきたいのです。ほかでもない社長のお嬢さまですから、社長からじっくりお話しいただければ、きっとご理解いただけるのではないでしょうか？」

岸さんがそう言うと、最後に、林さんは次のように言い置いて帰っていきました。

「お嬢さまから合意をいただくためには、株式をあきらめる見返りとなる〝何か〟を準備する必要があります。これを国は『衡平を図る措置』と呼んでいまして、除外合意には事実上必須事項となるのです」

大事なことは、相続のことを家族でオープンに語り合うこと

翌週、佐藤さんと妻、後継者の長男と長女、さらに顧問税理士の岸さん、弁護士の林さんと6人で会食の場をもつことになりました。

「みんながそろうなんて久しぶりね」

母親のうれしそうな顔を見て、長男は目を細めました。

「俺は父親らしいことを何一つしてこなかったからな。俺の人生、仕事ばかりだった」

「お父さん、そんなことみんなわかっているわよ。今日は先生方のお話をお聞きするんでしょ？」

「お嬢さまとは、はじめましてになりますね。A社の顧問税理士をさせていただいております岸と申します。このようなご家族の貴重な会に同席させていただき、ありがとうございます。こちらは弁護士の林先生で、このたびお父さまからご長男さまへの株式の贈与のことで、ご協力いただくことになりました」

岸さんの言葉に一同うなずいたところで、佐藤さんが切り出しました。

「今回は無事に退院できたが、俺もこの先長くはない。会社は義一に任せる。裕美もそれに異論はないよな？」

「お父さん、いまさら何よ。そんなの、もう何年も前から決まっていることじゃない。私は何もできないし、主婦としてこれからも幸せに暮らしていくつもりよ」

「会社を義一に任せるということは、会社の株式を義一にすべて渡すってことになる。それをおまえに理解してもらいたいんだ」

「お父さん、それ、どういうこと？　もしかして今日の会って、私が主役？」

ちょうどそのとき、中華の丸テーブルに前菜が運ばれてきました。

「お父さまに代わって私がお答えいたします」

驚く長女に、岸さんはそう言って、除外合意について説明を始めました。

「つまり、お兄ちゃんのことを応援しろってことでしょ。そんなの当たり前じゃない。私には会社のことはわからないし、お兄ちゃんに任せるしかないんだから。それより、それに見合った何かをもらえるだなんて、ありがたいけど……、お父さん、大丈夫なの？」

「それは会社の金で岸先生にうまくやってもらおうと思っているし、義一も納得してくれている」

「そこまでしてくれると、逆に考えてしまうわ。相続のとき私の遺留分の権利って、いったいいくらになるの？　どれだけのものを私は放棄することになるのか、それがわからないと、今からサインなんてできないかも……」

心配顔の娘を見て、佐藤さんも困惑してしまいました。

「弱ったな。岸先生、どうしたらいいですかね？」

岸さんは笑顔をつくり、明るく言いました。

「今日はまだ結論を出す場ではありませんから。さぁ、お食事をいただきましょう！」


翌日、岸さんは弁護士の林さんに電話をしました。

「林先生、昨日の佐藤さんの件ですが、どうしたらいいのでしょうか？」

「そうですねぇ。以前、ほかで除外合意がうまくいったときには、とある保険屋さんが活躍しましてね。うまく合意に至ったケースがありましたよ」

「それはどのように？」

「除外合意の肝は、『衡平を図る措置』にあります。ドンとまとまった現金だと渡すほうも心配ですし、受け取ったほうも身を滅ぼす可能性が出てきます。何億円の宝くじに当たった人が自己破産してしまうケースのように。そこで、その保険屋さんの提案で、非後継者の方が60歳になってから、年金を毎月受け取るプランで合意を得られたのです」

「なるほど。保険にもいろいろな保険があるのですね。その保険屋さんのご紹介をお願いできるのでしょうか？」

「T社の石森さんといいます。きっと力になってくれると思いますよ」

電話を切ると、事務所のスタッフから伝言が入りました。

「岸先生、お話中に佐藤社長のお身内の方からお電話がありました。今からこちらに来たいとおっしゃいましたので、どうぞとお伝えしました」

ほどなくして現れたのは、佐藤さんの長女・裕美さんでした。

「お嬢さま、昨日はありがとうございました。今日はどうされましたか？」

「こちらこそ、昨日はありがとうございました。突然おうかがいしまして、申し訳ありません。昨日は私が主役だなんて言われて、舞い上がってしまって。せっかくの食事も、何を食べたのかあまり覚えていません。でも……」

「でも？」

　お茶を勧めながら、岸さんは次の言葉を待ちました。

「会社のことを父から私に話をしてくれたことはうれしかったんです。兄が会社を継ぐことに異論はありません。でも、私も父の娘として、兄と同じだけの権利があるって、20代のころに感じたこともありました。いつからか、そんな気持ちにはふたをするようになっていましたけど。経営のことで、父と兄がケンカをすることがあっても私は蚊帳の外で、兄のことがうらやましいと思うこともあったな、と。昨日はそんなことを思い出しながら、心ここにあらずでした。よろしければ、お話をもう一度きちんとお聞きしたいと思いまして……」

「裕美さんとは昨日、初めてご挨拶させていただきましたが、大事なお話をこうして聞かせてくださり、本当にありがとうございます。それでは詳しくお話しさせていただきましょう」

岸さんはホワイトボードを使って説明を始めました。

「裕美さん、こちらの図（202ページ）を見ていただいて、どちらのほうが、会社としては代々長く続いていきやすいと思いますか？」

「分けない相続のほうだと思います」

「そうなんです。世界的に見て、日本は特に100年企業、200年企業が多いのですが、それは、江戸時代から『分けない相続』を続けてきたからなんですよ。後継者に事業用財産をすべて任せる。そうすると、後継者でないごきょうだいが相続できるものはわずかなものになってしまいます。それでも家を代々残していくために、『分けない相続』を実践してきたのが、この日本なんです」

岸さんの説明は、とてもわかりやすいものでした。

「岸先生、今日は突然訪問しまして、失礼かと思ったのですが、お話をお聞きしてスッキリしました。私の理解があってこそ、父の会社はこの先も続いていけるわけですね。昨日の会の趣旨が『私が主役』というのは、こういうことだったのですね！」

図 23：分ける相続と分けない相続

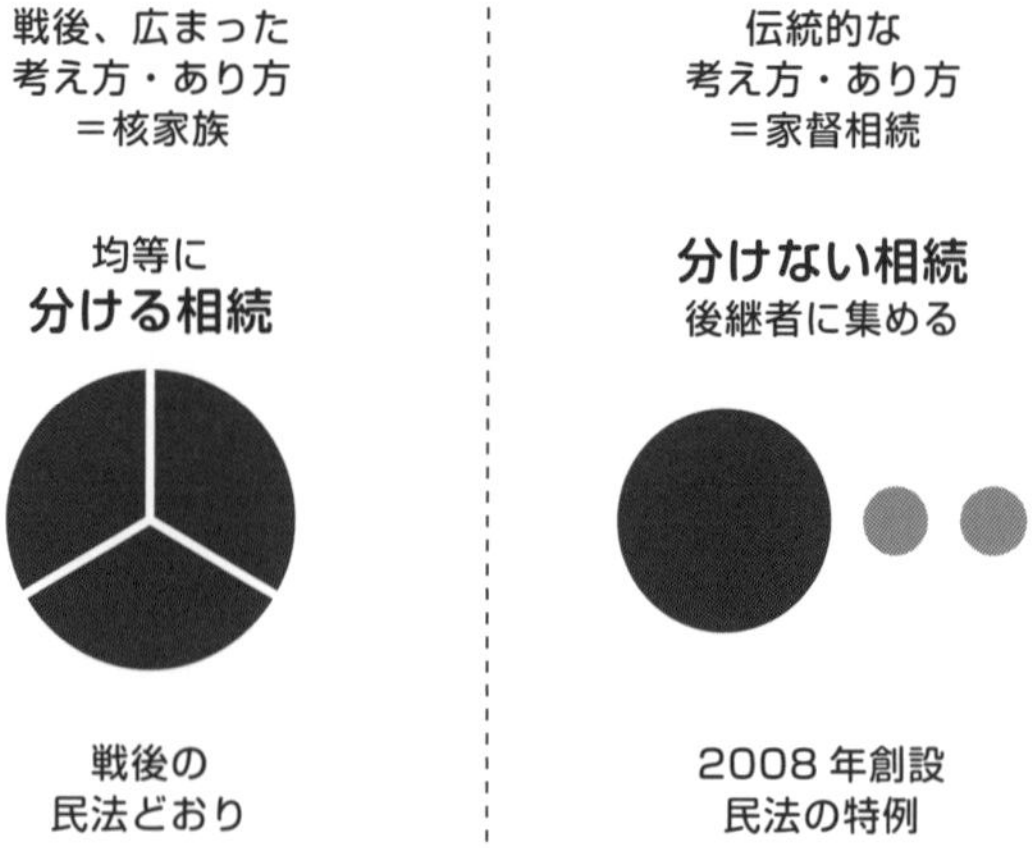

後日、岸さん、林さんの同席のもと、佐藤さんと妻、長男、長女に対して保険会社の石森さんから「衡平を図る措置」のプラン説明があり、一同の納得を得ることができました。

佐藤さんと長男の間での株式の贈与契約と併せて、除外合意の書面への署名、捺印が交わされたのでした。

遺留分の問題には、もっと大きな隠れた問題があった

佐藤さんは、遺言執行者を林弁護士に定めた遺言書を残し、翌年に亡くなりました。

佐藤さんの株式以外の財産は、自宅と収益アパートが一つ。これを長女に相続させることは、生前の除外合意の書面でも明記されていたので、手続きはスムーズに進みました。

5000万円の相続税については、会社から死亡退職金を受け取ることでクリア。長女は佐藤さんの残した自宅に夫と子どもたちと引っ越し、母とともに暮らすことになりました。

株式の贈与税を猶予されていた長男は、顧問税理士の岸さんのアドバイス通り、会社に株式を一部売却（相続金庫株、206ページのコラム参照）し、納税資金をつくって相続税を納めることで、納税猶予を終わらせることにしました。

会社は数億円のキャッシュアウトとなりましたが、後継者の長男は「相続税は国からの借入のようなもの。借入なしには経営はできないし、返済すべきときに返済し、その分また財務を厚くしていくしかない」と腹をくったのでした。

一通りの相続の手続きが済んだころ、岸さんが会社を訪れました。

「岸先生、金庫株で相続税を納めることができて、スッキリしました。おやじが倒れたときは相続が大変になると心配だったのですが、妹とも除外合意を済ませてあったので、スムーズに手続きが進みましたし。なんだかあっけなく済んだな、という感じですね。ありがとうございました」

後継者の長男は頭を下げました。

「それは何よりです。相続のもめごとに精神的に参ってしまう方は世の中多いようですから。今回、除外合意のおかげで妹さんともめずに済んだことは何よりだったのですが、もう一つ、ご説明していなかった大事なポイントがありました」

「何ですか、それは？」

「先代が亡くなられたきに、もし奥さまが認知症になられていたら、という問題です。今、奥さまはお嬢さまとお孫さんと一緒に暮らし始めて、元気にしていらっしゃいますが、どうしても加齢とともに認知症のリスクが高まります。経営者の相続の際に、配偶者が認知症になっているケースが最近増えていて、後見人によって遺留分侵害額請求がなされるケースがあるのです」

「後見人から、ですか。きょうだいでもめるのもイヤですけど、後見人を通じて、母親ともめてしまうのはもっとイヤですね……」

「認知症という病気の怖さですね。しかも、配偶者は相続分が2分の1、遺留分が4分の1になりますので、遺留分の侵害額はごきょうだいよりも大きくなるのです。しかし今回は、除外合意によって、奥さまにも合意のサインをいただいていますので、仮に認知症を患われても、遺留分侵害の問題はありませんでした」

「先生はそこまで考えてくださっていたんですね。本当にありがとうございます」

長男はすがすがしい顔で礼を述べ、岸さんを見送りました。

――成功ストーリー・完――

コラム 相続金庫株の特例とは

「相続金庫株の特例」は、正しくは、「相続により取得した非上場株式を発行会社に譲渡した場合の課税の特例」といいます。

・金庫株とは？

金庫株とは、発行会社が自社で自社の株式を買い取り、消却や処分をすることなく自社で保有している自己株式のことです。会社が自分の株式を保有することで、

「株式を会社の金庫に入れる」という意味で金庫株と呼ばれています。

・相続以外での金庫株

事業承継を検討するにあたって、経営に関与していない株主から株式を集約したり、これまで築き上げてきた会社の創業者としての利益を確定させたりするために、株式を、その発行会社に買い取ってもらうことがあります。この場合、「みなし配当課税」となって、金銭を受け取る株主側では多額の税負担が発生してしまいます。

・相続金庫株の特例

株式を相続した人が、相続が発生してから3年10カ月以内にその株式を発行会社に譲渡した場合には、本来、総合課税されるところ、20・315％(分離課税)だけの税金で済ませてもらえるという特例です。相続税の取得費加算の特例も併用できます。

※ケースによっては「みなし配当課税」のほうが有利なケースもあります。

・特例を受けるための要件

①相続または遺贈により取得した自社株

②相続開始後3年10カ月以内に譲渡

③相続税の負担があること

④非上場株式であること

⑤発行会社への譲渡

・金庫株（自己株式）取得時の法務上の留意点

①分配可能額……金庫株は配当と同じ性質のものなので会社法上の財源規制に注意しなければなりません。会社は自社の株式を無制限に買い取れるわけではなく、分配可能額の範囲内で買い取ることができます。

②特別決議……実務上、「特定の株主からの取得」で対応することが多いので、その際は株主総会の特別決議が必要。なお、当該特定株主は当該決議において議決権行使できません。

③売主追加請求……特定の株主から取得した場合は原則として全株主に売主追加請求権を行使できる旨を通知しなければなりません。他の株主から売主追加請求権が行使された場合は追加で金庫株（自己株式）を取得しなければならなくなる場合もあります。

相続対策に一番大事なこと

2回のセミナーを受け、松本さんは、再びノートに学びを記しました。

そして、「ここに出てくる顧問税理士のように、クライアントの事業承継をきちんと支えないといけない。そのためには、きちんと連携のとれる弁護士さんや、きちんとした保険屋さんとチームを組まなければならないな……」と思うのでした。

202×年×月×日

・納税猶予や遺言作成など、亡くなる人が一方的にできる対策には限界がある。亡くなったあとに、相続人同士が遺留分の問題でもめてしまうことは、生前から対策しておかないと防ぐことはできない。

・事業に関係のないきょうだいの存在が、相続ではカギを握る。

・除外合意は、会社を継がないきょうだいの立場からすると、合意することにインセンティブが働かないので、ハードルは高い。しかし、親としてきちんと「言い聞かせること」「腹を割って話すこと」が重要で、そんな場をもつようお勧めすることが専門家に求められる。

・結局のところ、きょうだいが除外合意にサインするかどうかは、きょうだいの間に「思いやり」の気持ちが生じるかどうかに尽きるようだ。

・除外合意に至ることで、配偶者の認知症リスクにも備えることが実は大きな効果となる。

・事業を伸ばした経営者ファミリーほど、相続税にきちんと向き合う必要がある。「金庫株」「死亡退職金」「生命保険金」で対策を。

松本さんのノートは、次のように締めくくられていました。

――信頼される専門家として、学び続けていくことを大切にする――。

第7章

事業承継のキーワードは「言い聞かせ」と「思いやり」

人はなぜ、もめるのか？

国と国との戦争の終わりが見えない今日、「人はなぜ、もめるのか？」の問いに明確な答えを出せたなら、ノーベル平和賞をもらえるのではないでしょうか。

前章では、顧問税理士の岸氏の計らいで、社長である父親の生前に家族会議を開き、家族で除外合意に至り、遺留分の問題を回避したストーリーをご紹介しました。
そこで重要になるのは、父が子どもたちを思う気持ち、兄が妹に対して、妹が兄に対して思う気持ちであって、「衡平を図る措置」はあくまでもそれを形にした工夫の一つです。

「家族がこれからどうなっていきたいか？」を問うことが、合意に向かうきっかけとなります。そして、そのストーリーとして、セミナーで学ぶ税理士・松本さんの姿を描きました。

おそらく多くの読者が、「うちの税理士にも同じような役割を担ってもらいたいが、果たして除外合意などについて、勉強してくれているだろうか」と思われたでしょう。また、「家族のもめごとを回避する手伝いを税理士に期待するのはおカド違いかもしれない。うちにも顧問弁護士が必要かな」と思われた方もあったのではないでしょうか。
親族承継は「もめやすい」ということを前提として受け止めて、「もめごとを回避しながら進めていくもの」と捉えることが、残念ながら、現実的な考え方のようです。

しかしながら、税理士や弁護士など、優秀な第三者の存在がなくとも、当事者だけで、もめごとを回避しながら親族での承継を実現してこられている会社も存在するのです。

和菓子屋の9代目社長に学ぶ「のれんの力」

橋本さん（仮名）は、東京都内にある和菓子屋の9代目です。私は経営者の会でご縁をいただき、一昨年に8代目が亡くなられたことは知っていました。この本を執筆するにあたり、橋本さんにお話をうかがいたいと思い立ち、ご本人にお願いしましたところ、快く引き受けてくださいました。

まず私がお聞きしたことは、橋本さんが9代目を承継する際に、きょうだいともめることはなかったのか、ということです。

石渡　橋本さんには弟さんがいらっしゃいますよね。相続でもめることはなかったのでしょうか？

橋本　幸いにして、スムーズに相続の手続きは完了しています。

石渡　それは、なぜですか？

橋本　亡くなった父は、私と弟に対して、生前に常々このように言っていました。「継ぐ者も継がない者も、『のれん』を守って欲しい」と。私も弟も10代から20代のころは、父の言葉の意味をよくわからずにいました。私と弟は年が八つ離れていて、私が大学を卒業するころ、弟はまだ中学生でした。

私は新卒で文具メーカーに就職しましたが、30歳になるころに、父から「そろそろ戻ってこい」と言われまして、当社に入りました。ちょうど弟が大学を卒業するころでしたので、父は弟に「うちの会社に入ることは選択肢から外して、自分で自分の仕事を決めて欲しい」という趣旨のことを伝えていました。

このころから、私たち兄弟は、兄が会社を継ぐもの、弟は会社を継がないもの、という役割分担を意識するようになりました。今思えば、父の敷いたレールに2人とも素直に従った形ですね。なぜかと言われると説明に困りますが、私も弟も、自然にそれを受け入れていました。

石渡　橋本さんは5年前に40歳で社長になられて、弟さんはそのとき32歳。それぞれの道を歩まれてきたのですね？

橋本　はい。弟はシステムエンジニアとして大手企業に勤めまして、今は部長職になろうか、というステージで頑張っているようです。私はコロナ禍で売上ダウンが激しく、厳しい日々ですが、社長業をしています。

石渡　お父さまのおっしゃっていた「継ぐ者も継がない者も、『のれん』を守って欲しい」という言葉の意味を、今ではどのように捉えていらっしゃるのですか？

橋本　もしも弟が父の相続で法律通りの権利を主張してきていたら、私は困ったでしょうね。会社の株式であったり、工場の土地であったり、私が父から承継した財産の額を考えると、当然、弟が相続した財産とは比較になりません。それでも弟はそれを受け入れてくれました。その点で、弟は弟なりに「『のれんを守る』ために、自分に何ができるか？」を考えてくれたのだと思います。

父が私たちに折に触れて語っていた「継ぐ者も継がない者も、『のれん』を守って欲しい」という言葉、考え方を〝注入〟し続けてくれたおかげだと思っています。

石渡　なるほど〝注入〟ですか。相続の対策を考えておられる方々に伝えたい言葉ですね。

橋本　父は大事なことをもう一つ〝注入〟してくれました。「私の財産は、私の財産であって、私の財産ではない」と。

石渡　なんだか哲学的な言葉ですね。解説をお願いします。

橋本　つまり、代々「のれん」というバトンを受け継いで、それをまた後世につないでいくことが自分の役割ですから、私が先代から受け継いだ財産は、形としては私の財産ではあるものの、それはまた次世代に渡していくだけの預かりものなのだ、ということでしょう。

父自身が自分の力だけで成した財産ならば、それを子どもたちに分け与えることや、子どもたちが分けてもらうことを望むことは、今の時代の法律で考えれば当たり前かもしれません。しかし、代々の「のれん」を守っていくためには、父が言うように、父の財産は父の財産ではない、だから子どもたちがそれを均等に分けてもらうことを期待するのは、「のれんを守る」ことに反する、と考えるべきでしょう。

石渡 言われてみれば、確かにその通りですね。世の中、親が残した株式をどう分けるかでもめている家があまりにも多いものですから、橋本さんのお話が新鮮に聞こえますが、それは特別なことではなく、当然のことのように思えてきます。

橋本 父には妹がいまして、私にとっては叔母に当たりますが、私の弟と同じように会社には入っていません。7代目も父と同じことを言っていたようで、父は妹ともめることなく先代の相続を乗り越えたようです。叔母やその子たちと、私や弟が今も仲良くいられるのは、「継ぐ者も継がない者も、共に『のれんを守る』という考え方、生き方が浸透しているおかげだと思います。

石渡 橋本さん、今日は本当にありがとうございました。いい本が書けそうです。実は、私はここに来るまで、橋本さんのような老舗企業には、特別な法律でも存在しているのではないか、なんて思っていたんですよ。今日のお話で、そんなばかな考え方はなくなりました。

橋本　石渡さん、それは考えすぎですよ。いい本が書けるといいですね。

私は第2部の冒頭に、「きょうだいはもめるものという前提がおかしくないだろうか」という問いを掲げました。橋本さんのインタビューから、やりようによっては、親族承継を代々実現していくことは不可能ではないと、感じていただけたのではないでしょうか。

「のれんを守る」という目的の共有、浸透が重要であり、相続の法律が変わった今も、自分の権利を主張することよりも、それぞれが『のれんを守る』ためにどうすればいいのか」を考えることで、スムーズな相続実現の可能性が高まっていくようです。

現代版「三本の矢」を考える

しかし、一方で、「9代目までたどり着くのは大変そう」「今日、そんなビジネスは存在しないのでは？」「和菓子屋さんだから実現できた話ではないか」と思われた方もいらっしゃるでしょう。

そこで次は、継がない者が「身を引く」形で継ぐ者を応援することをもって「力を合わせる」と言えるのかどうか？　もっと積極的に、きょうだいが力を合わせて事業を永続させていくことはできないのか？　この問いを日本の歴史にぶつけてみようと思います。

戦国武将の毛利元就（1497―1571年）を皆さんご存じでしょう。毛利家は戦国時代に中国地方を広く支配し、江戸時代には長州藩として存続し、明治維新に幾多の人材を輩出しました。その礎を築いた人が元就です。有名な「三本の矢」の話は、サッカークラブの「サン（三本）フレッチェ（矢）広島」の名前の由来ともいわれています。元就が亡くなる間際に3人の息子たちを枕辺に呼び寄せて……、という話は、実は創作のようで、実際には3人の息子に宛てた「三子教訓状」という書面が残っているそうです。

14カ条からなる書面の内容を要約すれば、三兄弟の結束を説いたというものではなく、毛利家を代々保つために、長男・隆元の主君としての地位を明確にしたものです。それによって、兄弟・一族の中での内紛を避け、いわゆる下克上を禁止すると宣言したもののようです。

戦国の雄・毛利元就も、「乱世を乗り越える」という目的の共有を大切にし、家の繁栄、永続のために「言い聞かせ」を重んじたことがうかがえます。

第2章で述べた通り、日本は、鎌倉時代は「田分け」の社会でしたが、その後、江戸時代にかけて、毛利家に代表されるような「長男を主君とする家」が全国に広まりました。

戦前までの約300年間、「分けない相続」が社会全体に浸透していた歴史は、「言い聞かせ」と「思いやり」によって実現してきたものと考えられます。

第6章でご紹介した「除外合意」という民法の特例を国が制度化したのは、「分けない相続」「後継者に資産をすべて継がせる相続」の歴史を背景にしていると推測されます。江戸時代から脈々と受け継がれてきた「分けない承継」「のれんの承継」。これを現代でも実現させることが、日本社会の発展にはなじむであろうという考えが、経営承継円滑化法の根底にあるのでしょう。

少子化がますます進む令和の時代において、分ける相続か、分けない相続か、それはご家族ごとに決めていけばいいことですが、もめる相続だけは避けていきたいものです。

一度分散した株式に、どう対処するか？

株式が分散する事例は、第1部の第2章と3章でご紹介したように、戦後、爆発的に増えました。法律が子どもたちに財産を均等に分けることを支援する形になったので、当然といえば当然です。

第3章のF社の、その後を見てみましょう。創業者が本業と並行して不動産の収益性に着目し、資産管理会社でテナントビルを所有した事例です。

株式が田分けされてしまい、創業者の死に伴って、2代目の社長（和田さん、68歳）は資産管理会社の支配権を弟や妹に握られそうになります。簡単には株を手放しそうにない弟と妹。創業者の死からちょうど1年が経過しても、遺産分割協議もまとまらない状態でした。

コロナ禍の中で開かれた経営者の会で、和田さんから私に声がかかりました。

1週間後、私は和田さんのオフィスを訪ね、状況をお聴きしたところ、遺産分割の問題と、すでに贈与されている株式の集約の問題を同時に抱えて悩んでおられ、初回のミーティングは状況確認だけで2時間を要しました。

一番印象的だったのは「弟も妹も、文句しか言ってこない。それなら株式をすべてくれてやるから、経営をやってみろ、と言ってやりたい」という言葉でした。本音だったと思います。

2度目の訪問で、私は和田さんにとって受け入れがたいこととは承知のうえで、思い切って、一つの方針をお示ししました。

「忍び難きを忍び、弟さんと妹さんに頭を下げてしまいませんか?」

私の言葉に、和田さんは失望のため息をつきました。

「石渡さん、あなたは何もわかっちゃいないよ。どうして私が弟や妹に頭を下げなきゃならんのか。話にならん」

「和田さん、お気持ちはお察しいたします。これまでお聴きした状況から、私に

図24：三つのステージ

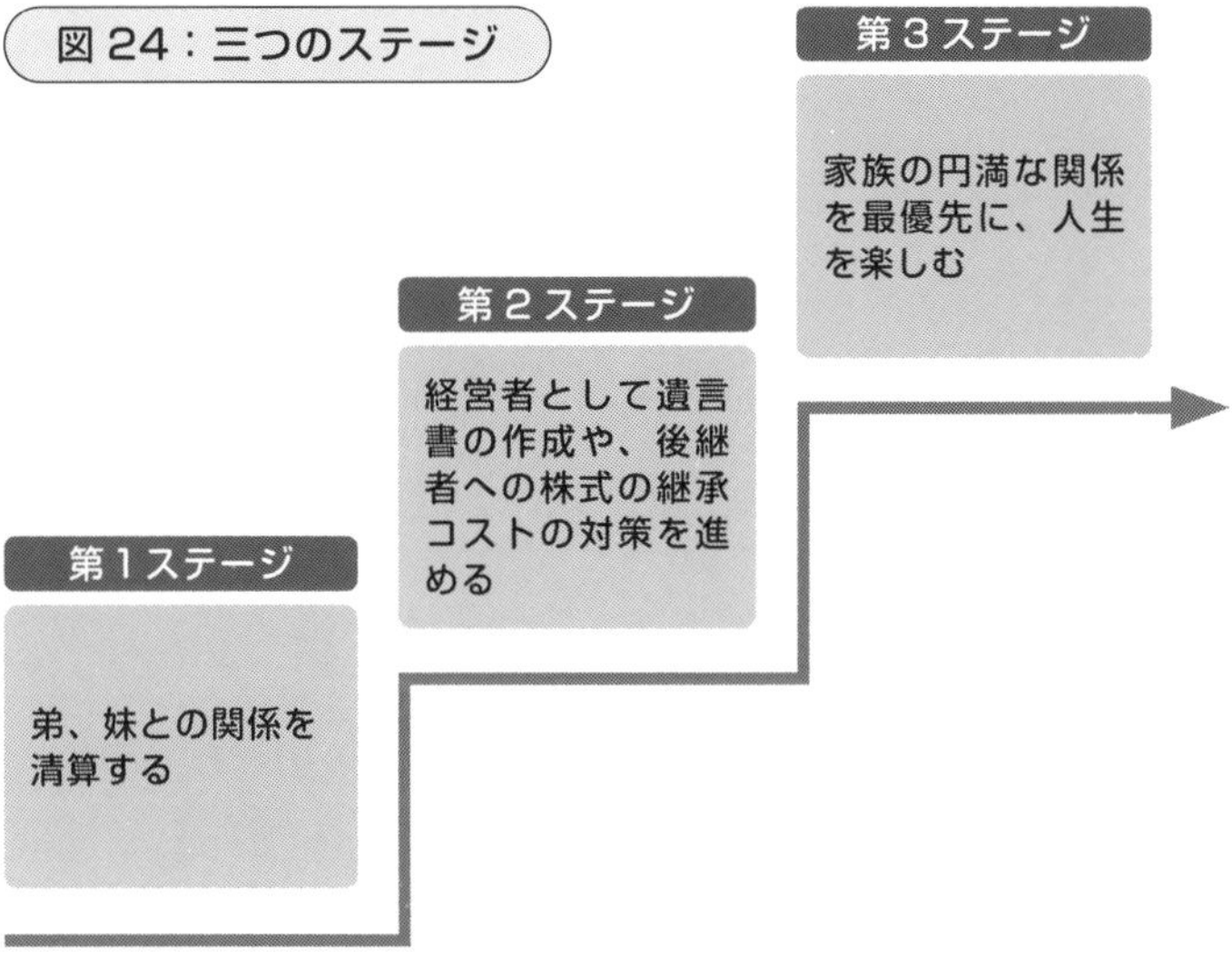
第3ステージ
家族の円満な関係を最優先に、人生を楽しむ
第2ステージ
経営者として遺言書の作成や、後継者への株式の継承コストの対策を進める
第1ステージ
弟、妹との関係を清算する

は『三つのステージ』が見えていますので、ご説明させてください」

「三つのステージ？」

「はい。一つ目のステージは、弟さん妹さんとの清算です。今、和田さんはどっぷりとこのステージに浸っておられます。お父さまの相続をまとめ、かつ、分散した株式を買い取る。これは、簡単なことではないでしょう」

　私が和田さんに1枚の図をお見せすると、和田さんはじっと見て言いました。

「うむ。で、二つ目は？」

「二つ目と三つ目のステージは実はセットです。和田社長のお望みはなんでしょうか？　事業を継ぎたいとおっしゃっているご長男に、しっかりと経営のバトンを渡すことではないですか？」

「その通りだ」

「であれば、第2ステージは、まずは第1ステージを乗り越えたうえで、和田さんからご長男への株式の承継に備えた対策を練ることです。事業承継税制や除外合意など、国が準備した制度を上手に活用しない手はありません。そのためにも、第1ステージをクリアしないと第2ステージは始まらないのです」

「確かに。そして第3ステージは？」

「はい。これまで和田さんは創業者であるお父さまとともに、30年以上の長きにわたって会社を成長させてこられたわけです。再来年には70歳になられます。まずは第1ステージをクリアし、さらに第2ステージもクリアしていただいて、第3ステージでは和田さんご自身の人生を謳歌していただきたいのです」

「私の人生か……」

「今の和田さんは、お父さまが残された事業と遺産にがんじがらめになられ、弟さんと妹さんとのもめごとの中に生きておられます。そこから早く脱して、奥さまや3人のお子さま方、お孫さんと、人生を楽しんでいただきたいと思っています。そのために、私はライフプランナーとしてお手伝いをさせていただきます」

このとき、和田さんの「心のスイッチ」が入った音が、聞こえた気がしました。

秘密保持契約を和田さんから求められ、より深いコンサルティングに進ませていただくことになりました。

内容証明郵便よりも、虎屋の羊羹

その後、私は和田さんと週に1、2度、打ち合わせを重ねていきました。

「2人に頭を下げるといっても、どうすればいいかな？」

「私に一つアイデアがあります。『肉筆の手紙』を書かれてはいかがでしょうか？　面と向かって詫びる機会をつくることは難しいと思いますので、これまでの心のすれ違いを文章で詫びて、これからの思いを伝えるのです」

「なるほど。トライしてみるか……」


手紙の作成には、和田さんの奥さまやご長男にも加わっていただき、顧問税理士や弁護士の視点も加えて、鳩居堂の高級和紙の便せんに、ご自身で一文字一文字書いていただきました。

和田さんのご了解のもと、ほぼ原文のまま掲載します。


B男さん、C子さん、2人に今の私の思いを率直にお伝えします。

まず、父の相続に際し、ここまでの話し合いの進め方について、お詫びします。

本来は、父が亡くなる前に、財産の相続について話あっておくべきでしたが、長男として父にうまく働きかけができなかったことは残念に思っています。

父の相続については、税理士のS先生とN先生にご尽力いただき、遺産分割案をまとめていき、近日中に調印をさせてください。

併せて、検討をお願いしたいことがあります。B男さん、C子さんが保有する会社の株式についてです。

今現在の会社のおかれている状況はコロナ禍という激しい逆風もあり、昨年F社は赤字決算となりました。かつ、時代の流れは加速してきており、企業経営は、今非常に厳しい局面を迎えています。父が苦労して大きくしてきたF社グループを、よりよい形で次世代に残していくにはどうすればよいか？　常に考えています。

私がF社の社長となってから、もう30年を超えました。次世代にバトンを渡す準備にかかっています。社員やF社を取り巻く多くの関係者が見守っています。この世代交代も多くの課題を抱えています。

その一つとして、株式の分散が進んでしまうと、会社を引き継ぐ子どもの世代やその後の世代にとって、大きな負担となるかもしれません。そのために今、父の遺産分割協議書の調印と併せて、F社と資産管理会社の株式を私に売却して欲しいと考えるのです。

B男さん、C子さんの今の株式持分は、父があなたたちのためにと熟慮した上で配分した、ある意味での遺言書のようなものだと思うようになりました。公正な価格で買い取ることが、父のB男さんC子さんへの思いを尊重することであると考えています。

相続税評価額で合意してもらえれば、1人○億円、2人合わせて○億円で買い取ることになります。私にとって換金性の乏しい自社株をこれ以上の価格で買い取ることは、現在の厳しい経営環境や、今後の事業承継でのさらなる課税を考えると、会社にとっても大変厳しい状況になることを理解してもらいたいのです。このお願いを受け入れてもらえたら感謝に堪えません。

C子さん、母と同居してくれていることと、手厚く面倒を見てもらっていることには心から感謝しています。ありがとう。母の余生を家族みんなで温かく見届けていきましょう。

令和××年×月×日　Aより

この手紙によって、受け取った弟さんと妹さんのお気持ちがどのように変化したのかは、私はお2人に直接お会いしていませんのでわかりません。ただ、この手紙を実際にご自身で手書きした和田さんのお気持ちには、大きな変化があったようです。

長年、経営の最前線におられた和田さんだからでしょう。「忍び難きを忍ぶ」と腹落ちしてからの弟さん妹さんとの交渉は、非常にスピーディーかつ効果的でした。

結果的に、創業者が亡くなられてから1年と6カ月で遺産分割協議はまとまり（新型コロナ感染症による相続税申告期限の延長措置の適用あり）、その3カ月後に株式の売買契約も完了したのでした。

この項目の見出し「内容証明郵便よりも、虎屋の羊羹」という言葉は、税理士であり、公認会計士、弁護士でもある関根 稔先生の言葉です。

「相続について紛争が予想される場合は、内容証明郵便を発信すれば、対立は致命的になってしまう。そのような喧嘩腰の対応ではなく、菓子折を持っての挨拶の方が有効だ」「100点ではなく60点を取る。（中略）人生において100点を目指す必要はない」「トラブルの解決は法務（法律）ではなく、営業の仕事なのだ」（『税理士のための百箇条―

実務と判断の指針（69ページ）』財経詳報社刊）。

相続でのものめごとは、相手の責任が１００で、自分の責任はゼロだと感情的に捉えてしまいがちです。そんなときに思い出したい先人の格言です。

ライフプランナーは人生のプロジェクトマネジャー

ここで、そろそろ私のことを書かせていただきたいと思います。

私は第4章でも登場していますが、本章での和田さんへの関わりなどは、およそ保険屋の関わりとは思えないといわれます。

プルデンシャル生命では保険の営業職のことを「ライフプランナー」と呼んでおり、その働き方は一人ひとりの自由裁量に任されています。

図25：ライフプランナーは、プロジェクトマネジャー

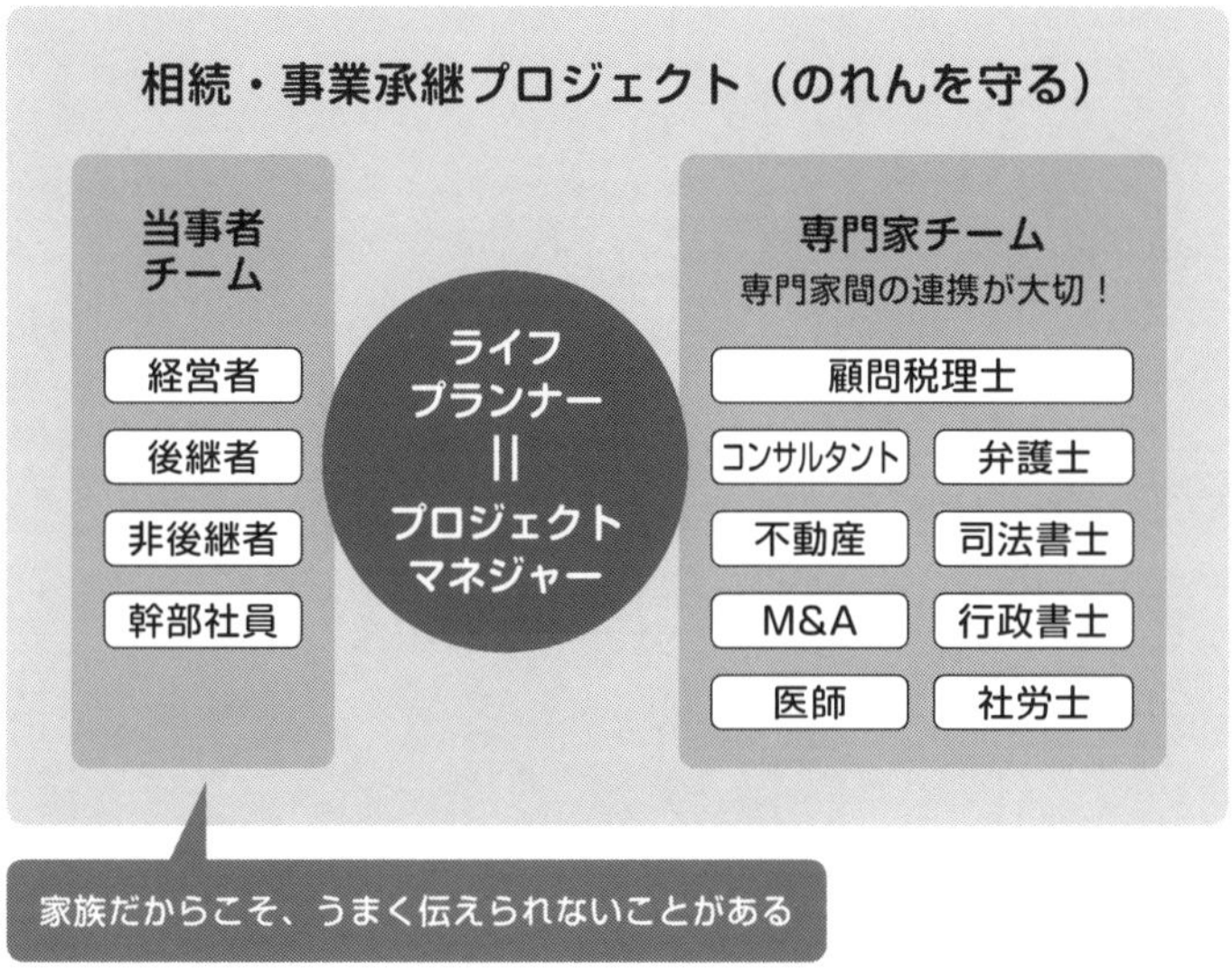

私自身、実家の事例をご紹介した通り、オーナー経営者の家に生まれていますので、オーナー家のことを一般の方よりも理解できているつもりです。ここを自分の強みとして、オーナー経営者をサポートする仕事に特化していったところ、「オーナー経営者とそのご家族から何を必要とされているのか」を突き詰めて考えるようになりました。

その結果として、上の図25のようなイメージをもって働くことにたどり着いたのです。

経営者と後継者、非後継者、幹部社員。この、「のれんを守る」方々がチームワークを発揮できていないケースが世の中に本当に多いことは、これまでご紹介してきた事例を見れば明らかです。そこで、「のれんを守る」チームとして機能するよう関わらせていただくのが、ライフプランナー＝プロジェクトマネジャーの一つ目の役割になります。

二つ目の役割は、専門家同士が、それぞれの専門性を発揮できるように、チームアップしていくことです。

オーナー経営者にとって、顧問税理士がいないことはまずないのですが、弁護士と日ごろから顧問契約を結んでいるケースはまれです。経営者が必要に迫られたときに一見さんの専門家を探すよりも、プロジェクトマネジャーが日ごろからさまざまな専門家と関係を結んでおき、必要に応じて最適な専門家をお引き合わせしていくことができれば、専門家にとっても確実に専門性を発揮しやすくなりますし、サービスを受ける側もよりよいサービスを受けられることになります。

三つ目は、当事者チームと専門家チーム全体のチームワークを高めることです。例えば、非後継者の方が専門家チームの中の誰を頼るべきか、わからないケースはよく起きます。そんなときに、ライフプランナーの存在がコミュニケーションを円滑にさせます。そして、事業承継の対策、相続の対策という時間のかかるプロジェクト、関わる人の多くなるプロジェクトを、目標に定めた期日通りに前へ進めていくには、目的や目標の共有、進捗の見える化など、プロジェクトマネジャーとしてのスキル、働きが必要になるのです。

「かかりつけ医」と「専門医」の使い分け

では、第2章や3章で見てきたような事業承継対策の失敗事例は、どうすれば防ぐことができるのでしょうか？　それは、人間の体にたとえてみるのがわかりやすいと思います。

不死身な人はいません。人は必ず老い、いずれ必ず死にます。限りある人生をより豊かなものにするために、人は体に不調を感じたら医師を頼ることになります。そのとき、いきなり大学病院に行く人はいません。病院側もそのような体制になっていません。

まずは、近所のクリニックをかかりつけ医として、日ごろからささいなことでも相談できる関係性をつくっておき、たいていの不調はかかりつけの先生で解決できるようにする。そして、もし、大きな疾患が疑われるときには、かかりつけ医の紹介状をもって大学病院にかかり、専門医から手術を受けたり、高度な医療に頼ったりすることになります。

相続や事業承継の対策の現場も、同じだと思うのです。

第2章と3章に出てきた「株式交換」「ホールディングスの設立」「従業員持株会の設立」「財団法人の設立」「種類株式の発行」「属人株の発行」などは、まさに手術です。

この手術で絶対に病が治るとか、二度と再発しないとか、不死身になるとか、そんな手術が存在しないのと同じように、相続や事業承継の対策も、手術後もきちんとかかりつけ医に見てもらっているかが重要になるのです。

子どもたちをホールディングスの出資者にする対策で「株式の承継は終わりました」とされた第2章のE社の例も、実は手術を受けただけにすぎず、そこからが始まりと捉えるべきなのです。

医師が不要な手術を勧めることはないと思いますが、事業承継の世界でさまざまな失敗例を見ていると、不要な手術を勧められてしまったのではないかと疑わざるを得ないケースがたくさんあります。

こうした中で、私は一介の保険営業職ながら、オーナー経営者の「かかりつけ医」、相続や事業承継対策というプロジェクトの「プロジェクトマネジャー」という働き方を選択するようになりました。

父の相続できょうだいともめたF社のその後

和田さんに話を戻します。和田さんは第1ステージ＝弟さん妹さんとの清算を見事にクリアされました。いよいよ第2ステージ、第3ステージへのトライです。

資産管理会社の株式を100％握った和田さんは、次のページにある図26のような資本構成をとりました。

事業承継税制の要件をクリアし、70歳になる今年、後継者であるご長男へ持株会社株式の贈与を済まされました。来年に納税猶予の適用申請を完了させます。

しかし、このままではご次男、ご長女と後継者の間に遺留分の問題が相続まで持ち越されてしまうので、除外合意にもトライされ、合意にこぎつけました。

ただし、除外合意への道のりは平たんではありませんでした。

図 26：和田さん・F 社のその後の資本構成

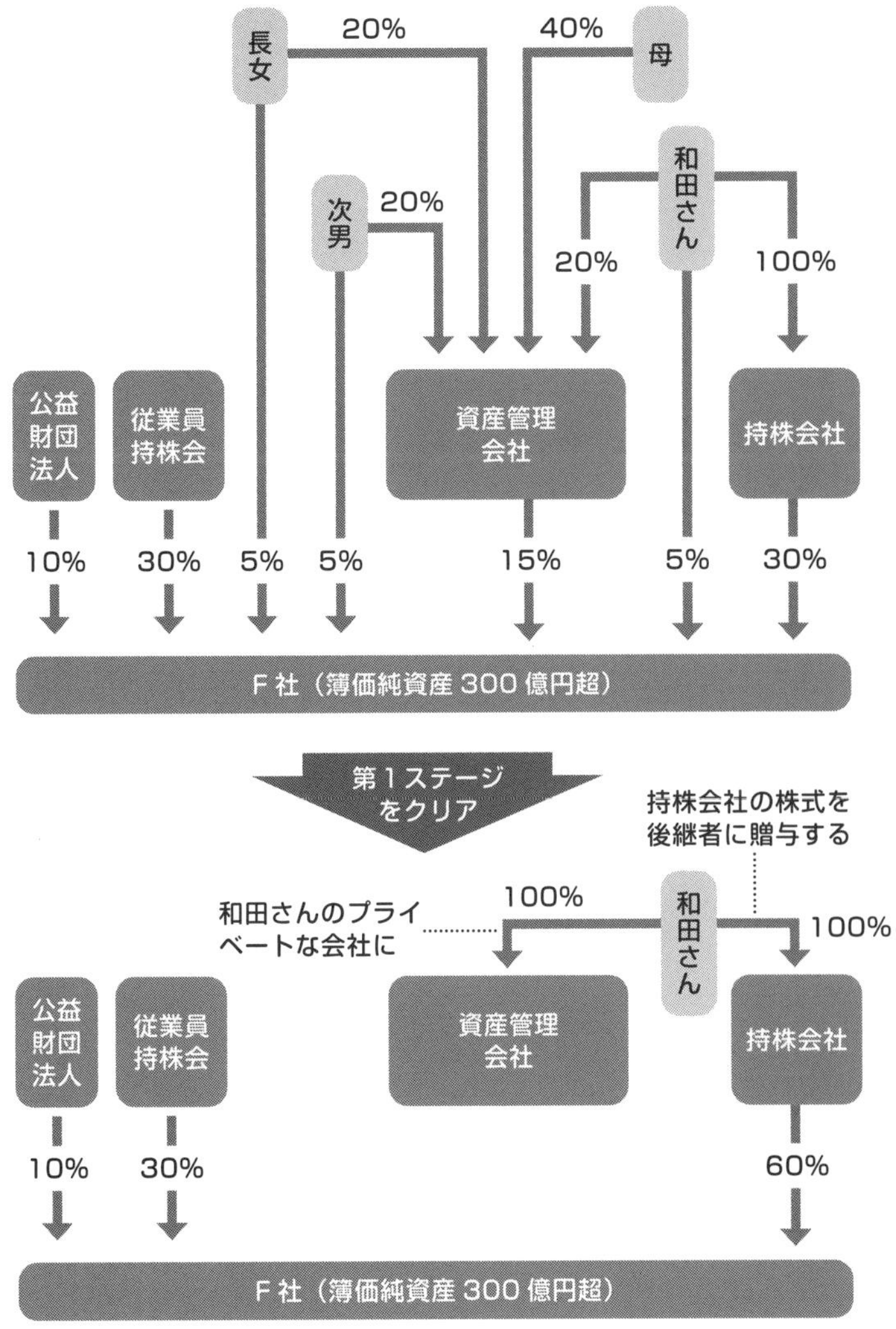

図 27：和田さんの家系図

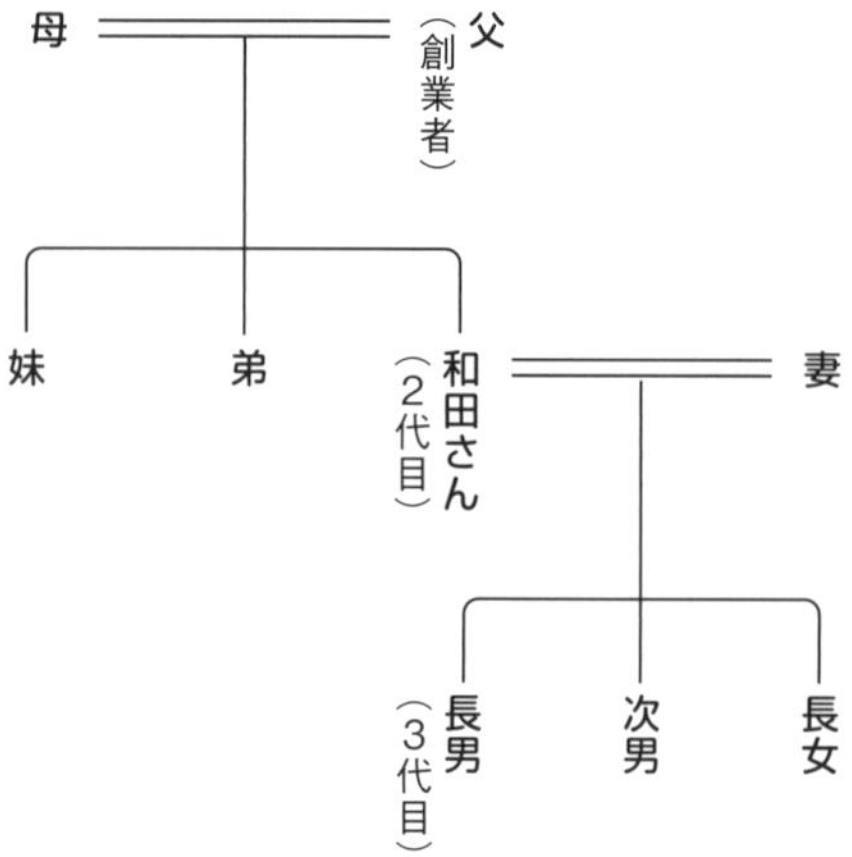

和田さんは、「父の相続がまずかったのは、父と弟、妹とのコミュニケーションが少なすぎたためだ」と分析し、ご自身も同じ轍《てつ》を踏まないように、事業にタッチしない次男と長女とコミュニケーションを図ろうとしました。

ライフプランナーの私も、親子のコミュニケーションの場に立ち会わせていただきました。第三者の私がいることで、固くなりがちな場を和ませることができますし、除外合意制度の一般的な説明は、ライフプランナーの私からしてもらったほうがいいと和田さんが判断されたためです。

ご長女は、株式がすべてお父さまの和田

さんからご長男に贈与されること、それに見合うだけの「衡平を図る措置」が準備されていることを知ると、比較的すんなり納得をされました。

ご次男は33歳。F社の業界に近い大手セレクトショップのバイヤーをしています。

和田さんは次男に対し、以下のような手紙を事前に送られていました。

〇〇へ

父の三回忌を控えて、私の今の心境を手紙にします。

私は父からF社の2代目社長を引き継ぎ、30年を越えました。来月69歳になります。来年には、父もそうしたように、元気なうちに会長職となり、社長を支えていこうと思います。3代目社長は（長男）に任せることにしました。会社が伸びたころとは世の中は大きく変化し、コロナの影響もあり、会社のかじ取りは非常に難しい。（長男）にはすでに会社のかじ取りを任せてきていますが、この先も大きな苦労をかけることになると思っています。

私には気がかりなことがあります。一昨年父が亡くなりました。それからの詳しいことはあなたに話してきませんでしたが、私は実の弟妹たちと、父から何を相続するかについてギクシャクしてしまいました。実のきょうだいともめることは、精神的につらかった。将来、私もいずれ死にます。私が死ぬときには、（長男）（次男）（長女）がギクシャクすることのないように、私が元気なうちから、それぞれに何を残すのかについて、話し合っていきたいのです。

まず、会社は（長男）に残すと決めました。（長男）にはこれからの人生をかけて、F社をまた次世代へとバトンタッチしていってもらいたい。会社は大きな財産ともいえるし、大きな負担ともいえるものです。プラスの財産とも言えるし、場合によってはマイナスの財産になるかもしれません。私の希望としては、会社経営で苦労するであろう（長男）のことを、（次男）には精神面で支えてもらいたいと願っています。

そして、（次男）（長女）のことは、私が元気なうちから、父親としてできる限りのサポートをさせてもらいたいと思っています。私が死ぬときに、３人に不公平な気持ちにだけはなって欲しくないのです。

唐突なことに聞こえたかもしれません。きちんと伝えておきたかったので、手紙にしました。私が望むことは、3人がお互いをリスペクトし合い、それぞれが誇りをもって生きていってもらいたい。そのことに尽きます。近いうちに（次男）の意見も聞かせてください。読んでくれてありがとう。

父

約束の日時に、ご次男は会社に来られました。

和田さんと私と3人で、少し広めな会議室に入り、最近の近況報告などを少し交わしたあと、和田さんがご次男に本題を切り出されました。

「手紙は読んでもらえたかな？」

ご次男は言葉を選ぼうとされている様子でしたが、なかなか言葉が出ません。そして、ようやく、震える声でこう言われたのです。

「僕は父さんの会社には入れないということですね？」

それは、和田さんにとって、想定外の返答でした。

創業者の父は、和田さんを大学卒業後すぐに会社に入れ、次男は会社に入れませんでした。そのことを和田さんは深く気に留めず、それはなぜだったのか、父親と話したこともなく、弟がそれをどう受け止めてきたのかも、直接話したことがありませんでした。

そして、自身も父と同じように2人の男の子と女の子一人を授かり、長男を会社に入れ、次男のほうは、本人の自主性を尊重してきたと思っていました。次男の勤めるセレクトショップは上場会社でしたので、彼のバイヤーとしての活躍を祝福してきたつもりだったのです。

ご次男は膝の上でこぶしを握り締めながら、うつむき、涙を落としていらっしゃいました。

「僕が今の仕事を選んだのは、いずれ父さんの会社に入るものだと思っていたからなんです。手紙を受け取って、父さんはひどいことを言ってくれるなと思いましたよ。兄貴とは二つ違いで幼いころからいつも比較されて、つらいなと思ったことも多かったけど、僕は僕で頑張ってきたし、今の会社では高く評価されている。でも、兄貴がF社を任されるってハッキリ聞いたのは今回の手紙が初めてだったから、ショックだった。なぜなんだって。なぜ僕には任せてもらえないのかって。僕のほうがきっとうまくやれるって思っているし……」

　あふれる涙を抑えられない様子でした。

「よくわかった。こんなふうに話したのは初めてだね。急な手紙に驚いたことだと思う。申し訳ない……。今度みんなで、母さんも交えて話そうじゃないか」

　しばらくたって、涙がおさまったご次男は顔を上げ、さっぱりとした表情で言いました。

「これで踏ん切りがつきました。仲間とそろそろ自分たちで会社を興さないかって話をしていたんです。でも僕にはF社のこともあったし、なかなか決められなかった」

「そうだったのか」

「父さんのポケットマネーから出資してもらったら、何倍かにしてお返しますよ！」

経営者ファミリーにとっての「キャディ」役でありたい

それから1カ月後、和田さんは家族会議を開かれ、私と弁護士も同席しました。

F社を長男に託すこと、株式をまとめて贈与すること、それを相続の際には持ち戻さないこと、それに見合う「衡平を図る措置」の具体的な内容についての説明を私と弁護士に託され、家族全員の「『除外』への合意」をまとめられたのでした。

和田さんは会長職になり、社長室をご長男に譲ろうとしましたが、ご長男は「今どきは社長もフリーアドレスがいいんですよ」とおっしゃって、社長室はそのまま会長室になりました。

和田さんは社長室あらため会長室に私を呼び、言いました。

「石渡さん、これからがいよいよ私の第3ステージですね」

「私が『弟さん妹さんに頭を下げてしまいましょう』とご提案してからちょうど2年ですね。長かったような、あっという間だったような……。あのときは和田さんの逆鱗に触れるのではないかとドキドキでしたが、お父さまの相続を終えられて、すぐにご自身の相続対策から事業承継まで、一気に進めてこられたのはお見事というよりありません」

「弟や妹への手紙も良かったけど、息子への手紙もよかった。あの手紙のおかげで次男の本音を聞くことができましたから」

「相続や事業承継の対策は、ついつい一方的な対策に偏ってしまいがちです。先代のとられた策はすべてそうでした。それを反面教師にされて、和田さんは『除外合意』という双方向の対策をとられました。ただし、まだまだ油断はできません。コロナ禍もおさまって、ご長男がどれだけ業績を回復されるのか、会長の役割も重要ですね」

　その後、和田さんの好きなゴルフの話になりました。和田さんは、私の仕事をキャディにたとえてくださいました。

「ゴルフを楽しむうえでも、キャディの存在はとても大事ですよね」

「和田さんがご家族の皆さんでゴルフを楽しめるように、私がキャディバッグを担がせていただきます。キャディの言うことは、きちんと聞いていただきますよ（笑）」

「フックラインかスライスか、ちゃんと読んでくださいよ。石渡さん、我が家のキャディ役を、よろしくお願いしますね」

第8章

「もしも今、急な相続が起きたら」をオープンに語ろう

人の死について語ることは、縁起が悪いこと？

生命保険営業職の私がこの本を書く以上、「急な相続」のことに触れないわけにはいきません。「人の死」について語ることは、縁起の悪いことと嫌われがちです。しかし、われわれ生命保険営業職がそこから逃げるわけにはいきません。むしろ、「人の死」「相続」

「死生観」というものについて、オープンに語り合う文化を日本に根づかせていきたい、と私は考えています。

ではさっそく、シンプルな「問い」をたててみましょう。

「御社で法人契約している生命保険（被保険者は代表取締役）は、代表が死亡した際に、保険金請求はできますか？」

さあ、いかがでしょうか？ シンプルに「YES」と答えられる社長さまは少ないと思います。そもそも、ご自身が亡くなったときのことですので。

まず、後継者の決まっていない方が多いと思います。代表取締役の亡きあと、どなたが代表になるか、残された方々の中からスムーズに決まるでしょうか？ それが決まるまで（新たな代表取締役を登記するまで）保険金請求はできません。

そして、第4章の中村さんの事例を思い出してください。

中村社長に対して、「銀行借入対策」と称して中村社長を被保険者とする法人契約を促した保険営業や銀行の担当者はたくさんいました。しかし、私は個人保険のご契約をお勧めしました。なぜなら、中村社長が死亡すると、会社のオーナーが竹田さんになってしまい、新たな代表取締役は竹田さんになる可能性が高いからです。それが中村社長の望みであればよいのですが、そうではないところが問題です。

中村社長が法人で生命保険を契約すれば、保険金を請求するのは竹田さんになります。法人に保険金は入ります。しかし、そのお金が何に使われるかというと、竹田さんの思う通りになってしまうのです。

中村社長が意図した「銀行借入対策」に使われるでしょうか？　おそらくノーでしょう。竹田さんの立場では、会社をたたんでしまうことも可能だからです。そうすると、中村社長のご遺族はどうなるでしょう。中村社長から個人保証をとっていた銀行が、会社からの返済が滞ることになると、ご遺族に取り立てにいくことになります。

非常に残念なことですが、世の中の多くの保険営業職、銀行の担当者は、この程度の想像力を働かせることもなく、生命保険の法人契約を経営者に勧めてしまっているのです。保険営業の駆け出しのころの私もそうでしたから、そんな彼らを責めるつもりもありません。

それでは、オーナー経営者に急な相続が起きたときに、残された会社や家族が困らないためにはどうすればいいのか。そのための備えを、五つの切り口で解説します。

以下は専門的な内容を多く含んでおります。少々内容が難しくなりますので、ご了承ください。

コラム 三つの相続とは

亡くなった人の財産を相続するか否かについては、次の三つの選択肢があります。

- **単純承認**……プラスの財産もマイナスの負債もすべて丸ごと相続する方法
- **相続放棄**……プラスの財産もマイナスの負債もすべて放棄する方法

・限定承認……プラスの財産の範囲内でマイナスの負債の責任を負う方法

※相続放棄や限定承認の詳細については、『身内が亡くなってからでは遅い「相続放棄」が分かる本（25ページ）』（椎葉基著、ポプラ社刊）をご参照ください。

急な相続、緊急事業承継への備え

(1) 代表取締役の選任・選定、資金繰り

まず大前提は、事業の破綻を防ぐことです。そのためには、代表取締役の不在を速やかに解消することと、資金繰りを止めないことです。

※このテーマでは、『緊急事業承継ガイドブック社長が突然死んだら？』（伊勢田篤史著、税務経理協会刊）の第3章「代表取締役の選任」が参考になります。

対策のポイントは三つあります。

①遺言作成、定款の確認

オーナーの死に伴い、遺言書がなければ、オーナーの株式が相続人の間で共有になります。特に、離婚歴のある社長、前妻の子どもがいる社長、子どものいない社長にとって、遺言書は必須となります。

株式の共有を避ける目的であれば、遺言は株式のことだけを定めた、いわゆる「株だけ遺言（『株式は○○に相続させる』とのみ書いたもの：特定財産承継遺言）」も効果を発揮します。自筆証書遺言書保管制度も始まっていますので、オーナー社長さまにはぜひ遺言作成をお勧めします。

会社の定款は、経営者にとっての「第二の遺言」と呼べるものです。この中に、第4章で紹介した「売渡請求の定め」があるかどうかは要チェックです。取締役の選任方法や、株券発行会社のままになっていないかの確認など、会社法に詳しい弁護士とともに、定款を読み込んでみましょう。

図28：株だけ遺言のイメージ

【遺言書を作っていない主な理由】

- ■きっかけがなかった
- ■「うちの子どもたちは大丈夫」という思い込み
- ■「誰に、何を、遺す」をすべて決められない

株式だけの遺言が可能

自筆で書いたら

法務局保管で、「検認」不要
（保管申請手数料 3,900 円）

遺言書

遺言者□□□□は、以下の通り遺言する

第１条　私は、●●株式会社の株式を長男○○○○（生年月日、住所）に相続させる

第２条　私は本遺言の遺言執行者として、長男○○○○を指定する

令和●年●月●日
□□□□　印

目の黒いうちに、遺言内容を「非」後継者にも説明しておく

②代表取締役２人体制、補欠取締役の選任

後継者が定まっている場合には、後継者を「代表取締役専務」のような肩書で、代表権をもたせることもリスク対策になります。

また、何らかの理由で（子どもが現在は他の企業に勤めており、副業・兼業規程に抵触するなど）後継者を取締役に登記しにくいケースも考えられます。

その場合には、定時株主総会で、補欠取締役に選任しておくこと

を検討しましょう。

③いわゆる「副大統領」役の指名を

後継者が定まらないケースも多いはずです。資金繰りから実印の管理まで信頼して任せられる幹部社員がいるとしても、いざその人が後継者かというと、そうとも決められない。そんなときには、その方を「副大統領」と呼んではいかがでしょうか？

アメリカの大統領が就任後最初にする仕事は、副大統領の指名といわれています。

２０２１年11月、バイデン大統領が健康診断中に、ハリス副大統領が85分間、女性で初めて大統領権限を握ったことがニュースになりました。副大統領はあくまでも緊急時の役職で、後継者ではありません。社長にもしものことがあったとき、緊急リリーフ役を指名しておければ、実印の管理やパスワード管理を社長が行っている場合のリスク対策になります。

副大統領役によるリリーフ登板で緊急事態を乗り切ったあと、会社を売却するかどうかなどのシナリオを準備しておくことも必要になります。まずは通常業務や資金繰りを止めないことの対策が重要です。
オーナーの急な死を想定して、取締役会と遺族の関係性にも注意しておくことは大切です。第4章の大戸屋のケースのように、取締役会と遺族の関係が悪い場合、遺族に必要な死亡退職金が払われないことも想定されます。生命保険のような財源の準備も重要ですが、オーナー社長の急な死においては、残された方々が意思決定をできるかどうかが問われます。

コラム　経営者が知らないとヤバイ、「デジタル終活」

・あなたはパソコン、スマホを残して死ねますか？

会社経営者に限らず、「ギクッ」とされる方は多いかもしれません。あのデータだけは、引き継いでおきたいのに……という方もいれば、あのデータだけは、絶対に見ないでくれ……という方もいるかと思います（会社経営者の場合、後者の方が多いかもしれません）。

特に、中小企業の会社経営者のパソコンやスマホ内には、業務に関係するデータが多数保存されているケースが多く、万が一の場合には、早急にパソコンやスマホ内のデータを確認する必要があります。

このため、経営者においては、万が一の場合に備えて、パソコンやスマホのパスワードとともに、業務データの確認方法等を共有しておく必要があります。これが「デジタル終活」です。

・もしもパソコンやスマホのパスワードがわからなかったら……

残念ながら、万が一の場合に備えて「デジタル終活」をしている経営者は皆無でしょう。

パソコンやスマホのパスワードがわからない場合、どうすればいいでしょうか。

①パソコンについて……まず、パソコンについては、パソコンの機種にもよりますが、データ復旧会社に持ち込めば、パスワードロックを解除してくれます。そのた

め、経営者のパソコンのパスワードがわからない場合には、速やかにデータ復旧会社とコンタクトを取り、パスワードロック解除やデータ復旧を依頼するとよいでしょう。

②スマホについて……次に、スマホについては、基本的に、データ復旧会社でもパスワードロック解除は難しいとされているようです。（中略）

・見られたくないデータをどうするべきか？

パソコンやスマホ内には、引き継ぐ必要のあるデータと見られたくないデータが混在しており、後者のデータを見られたくないために、パスワードを共有したくないという人も多いのが実情です。

しかし、データの処理方法を具体的に指示する等、適切に「デジタル終活」を行うことで、この「見られたくないデータ」を死後に確認される可能性を減らすことは可能です。「立つ鳥跡を濁さず」を心がけたいものですね。

（出典）『緊急事業承継ガイドブック社長が突然死んだら（19ページ）』（伊勢田篤史著、税務経理協会刊）

急な相続、緊急事業承継への備え

(2) 連帯保証債務対策

2022年11月1日、この本を執筆中の日本経済新聞の夕刊で「中小『経営者保証』制限へ、金融庁、来年 銀行に説明義務」というニュースが1面トップになりました。金融機関は保証の必要性など理由を具体的に説明しない限り、経営者保証を要求できなくなるとのこと。叔父の死で叔母やいとことの関係が悪化してしまった経験をもつ私としては、経営者保証がなくなってもらいたいと切に願います。

そもそも、これまで金融機関側に説明義務がなかったことが信じられません。保証に判を押した経営者自身が保証のことや、保証の怖さを知っていても、それを経営者が家族（推定相続人）に説明しているケースがどれだけあるでしょうか？

今後、金融機関は経営者への保証の説明を行う際に、経営者の家族にもきちんと正確な情報が伝わるような努力をしてもらいたいと思っています。

一方で、経営者の皆さんには、私から三つ問いかけます。次の備えをされているでしょうか？

①個人保証を外す努力、個人保証のない借入へのトライをどの程度されていますか？

個人保証の問題が、事業承継の足かせになっていることは国としても強く認識しており、事業承継に取り組む経営者の経営者保証解除を支援する主な施策が二つあります。「事業承継特別保証」と「経営承継借換関連保証」です。活用にあたっては信用保証協会が窓口になります。

②現在、個人保証をしている借入がどれとどれで、保証をとられていない借入がどれとどれかを正確に整理できていますか？

保証の額に応じた対策の検討をお勧めします。

③ご家族に対して、個人保証のことを説明されていますか？

もしも、保証の額が大きければ、社長の死亡の際には、ご家族には相続放棄を選択していただくことを事前に説明しておく必要があります。こんな話を家族団らんの中で話すことは大変です。専門家を交えて話すことをお勧めいたします。

急な相続、緊急事業承継への備え

(3) 遺族から株式の買い取り

遺族からの株式の買い取りについて、第4章の大戸屋のケースで考えましょう。

遺族としては、退職金を受け取るか、相続した株式を会社に買い取ってもらえれば、納税に苦しまずに済んだはずです。一方、会社の側は、遺族から株式を買い取ることができていれば、コロワイドに売却されることを防げたわけです。

遺族の立場からと、会社の側からに分けて見ていきましょう。

・遺族の立場から

遺族が事業にタッチしていない場合、さらに、社長の死亡時にも事業に関与したくない場合には、相続した株式を会社に買ってもらうことで、納税資金とその後の生活資金等を確保することが可能です。

ただし、大戸屋のケースのように、遺族と経営陣との関係が悪いケースや、事業として資金繰りに余裕がない場合などには、会社が買い取りに応じてくれない可能性が高くなります。仮に生命保険を法人で契約していたとしても、大戸屋のケースのように、事業の資金繰り等に優先されてしまうケースも起こりえます。

そのような万が一の社長の死亡に備えて、社長の株式を「取得請求権付株式」という種類株式にしておくことも一案です。この株式を相続した遺族は、会社に対して、定款で定められた期間内で株式の買い取りを請求できます。

この種類株式を発行する際には、「会社がいくらで取得するか（取得の対価の種類・内容等）」を定款で定めておくことが必要です。例えば「1株いくら」と固定金額にする方法や、「取得日における最終の貸借対照表の純資産額を発行株式総数で除した額×株数」

と定める方法などがあります。

言うまでもなく、会社側には金銭の準備や分配可能額への対応が必要になります。

・会社の側から

会社として、遺族に株式をもち続けてもらいたくない、という状況は起こりえます。その場合に備えて、「取得条項付株式」を発行することが考えられます。「取得請求権付株式」とは逆の関係になります。

株主が亡くなったときだけでなく、株主が認知症を患い、後見人がついたときを該当事由に定めることも可能です。この種類株式を発行する際にも、「取得請求権付株式」の発行と同様、会社がいくらで取得するか（取得の対価の種類・内容等）を定款で定めておくことが必要です。

いずれの場合も財源規制の問題があるため、法人契約の生命保険で資金準備をしておくことが重要になります。しかし、ただ生命保険で資金があっても、売る側と買う側が合意できなければ問題の解決にはなりません。急な相続になれば、さまざまな状況、思惑が交錯し、「売る」「買う」の合意が難しくなります。

大株主が健在なうちに、万が一への備えとして、種類株式の導入までできればかなり効果性の高い対策でしょう。また、基本的なことですが、自己株買い取りには特別決議が必要になりますので、株主構成に注意しておく必要があります。

「社長に万が一のときには、会社が株を買えばよいので、会社で保険に入っておきましょう」は、保険セールスパーソンの常套句なのですが、資金のことだけしか説明されていない場合にはご注意ください。

急な相続、緊急事業承継への備え

(4) 死亡退職金・弔慰金の支給

遺族が経営にタッチしている場合、または今のところタッチしていなくても、遺族が経営にタッチしていく場合、遺族が亡くなったオーナーから株式を相続する必要がありますす。このときに、「遺言がない場合」と「遺言がある場合」それぞれに問題が起こります。

もちろん、遺言がない場合のほうが、混乱は大きくなりますので、本章の「急な相続、緊急事業承継への備え（1）の①」で述べた通り、遺言はぜひ作成しましょう。

・遺言がない場合

亡くなったオーナーの株式が相続人の間で共有になります。前妻の子や、高齢の親と共有になることは避けるべきです。遺産分割協議が難航してしまいます。

仮に交渉の相手方が株式を譲ることを受け入れても、相続分による換価となるため、遺言がある場合（遺留分）に比べると倍の資金が必要になることがあります。

・遺言がある場合

株を相続することになった方に対して、死亡退職金を十分に支給できれば、納税が可能になります。しかし、大戸屋の事例のように、取締役会が遺族と敵対してしまえば、たとえ会社に生命保険金が入ったとしても、死亡退職金が払われないことは容易に起こりえます。

それを防ぐことは、経営者が亡くなってからでは難しく、経営者の生前から取締役会と経営者ファミリーが良好な関係を築いておくことが重要です。

さらに、「取締役会議事録や株主総会議事録に、経営者の万が一の際の死亡退職金支給について確認しておくこと」「役員退職金規程の策定（支給額、受取人の指定など）」「退職金の財源としての生命保険契約についての確認」などが重要です。

急な相続、緊急事業承継への備え

(5) 会社の売却、ほか

会社の売却

第5章の精神科病院の事例に出てきた2代目理事長が、「自分がもしも死んだら出資持分を売ればいいんだ」と言っていたケースを思い返してください。

経営者が元気なうちに、純資産の価値がどれだけあるかということと、万が一経営者が死亡した際に、「実際に買い手が現れるのか？」「いくらの値がつくのか？」「そもそも、売る側として売る判断ができるのか？」ということは、まったく別次元の話です。

経営者の急な相続で、後継者不在の場合には、会社を売却することが選択肢の上位に浮上してくるはずです。その場合に備えて、次の二つのポイントを、経営者が元気なうちからご家族と話し合っておくとよいと思います。

ポイント❶ 会社の売却には二つのパターンがあることを理解しておく

- **パターンA「株式譲渡」**……亡くなったオーナーから相続した株式をすべて第三者に売却する方法です。会社を丸ごと売却するイメージです。
- **パターンB「事業譲渡」**……会社の事業（の全部または一部）を第三者へ売却する方法で、会社そのものや会社で所有していた不動産などを売らずに残すことができます。

どちらがいいのかはまさにケース・バイ・ケースです。会社の売却は買い手がついてこそ成立するので、買い手から見たときにどちらが魅力的か、ということも大事な要素になります。

ポイント❷ 売却の交渉を誰に頼むか、が重要

M&Aの専門家には二つの業態があります。

・**業態A「仲介」**……買い手になりそうな候補を多くリストにもっている会社が仲介業者です。買い手先を探してくれることは仲介業者が得意とするところです。ただし、売り手にとって、ベストな交渉を最終的に任せられるかというと、そこは疑問です。なぜなら、仲介業者は取引の成立を最優先に考えざるを得ないので、最終的には買い手の意思を重視する場合も出てきてしまうものだからです。

・**業態B「アドバイザー」**……仲介は、買い手と売り手の両者を結ぶ仕事をするのに対して、アドバイザーは売り手の交渉役に徹してくれます。したがって、交渉のスタートから最終段階まで、売り手にとっての最適な交渉をサポートしてくれます。ただし、アドバイザーは買い手の候補をたくさんはもっていませんので、アドバイザー経由で仲介

業者を使うことになり、結果的に売り手の手取りが減る可能性も否定できません。経営者に万が一の際に、会社の売却が選択肢に上がるということは、つまり後継者が不在な状況と思われます。したがって、万が一の死亡が起きてからアドバイザーを探すのではなく、常日頃から良きアドバイザーとのご縁をもっておき、会社の内情を見てもらったり、家族にも紹介しておいたりすることは、万が一の場合にも、そのまま経営者が年を重ねた場合にも、必要なリスク対策といえます。

社葬

生前から社葬について考えがおよぶ経営者は皆無でしょう。「社葬なんてうちには関係ない」「儀礼的なものは今の時代には不要」のように思われたかもしれません。しかし、会社の規模にかかわらず、いやむしろ、小さな会社ほど社葬の意義は大きいといえます。社葬の意義は大きく二つあります。

一つは「社内の結束強化」、もう一つは「社外に対する広報」です。社外に対しての広報が重要な理由は、取引先との支払い条件等の変更を防いだり、金融機関からの与信評価を保ったりすることにも社葬が寄与するためです。

「あの会社は社長が亡くなっても社葬も開けないのか」となると、与信が落ちてしまうことになるのです。

特に、社長の家族が事業にタッチしていない場合には、万が一の際に遺族と会社が協力して社葬を執り行えるように、幹部社員とご家族とがコミュニケーションをとっておくことは非常に重要です。

これまで見てきた株式の買い取りや、死亡退職金の支給のことを考えればなおさらです。

借入金の一括弁済対策

俗にいう「貸しはがし」についてです。経営者の死亡は、金融機関からすれば「債権保全を必要とする相当の事由」が発生したものとして、一括弁済を求める根拠になりかねません。経営者の死亡で「債権保全を必要とする相当の事由」が発生したとみなされてしまったときに、融資を受けている銀行の口座に生命保険金が着金してしまうと、相殺をかけられてしまう可能性もあります。

目の前の資金繰りや、遺族からの株式買い取りなど、お金はいくらあっても足りない緊急事態に一括弁済は絶対に避けねばなりません。生命保険金の受け取りは、融資のない金融機関の口座を指定するようにしましょう。

従業員の一斉退職

中小企業のオーナー社長が亡くなれば、何が起きてもおかしくありません。賃金はもちろん、退職金という「労働債権」は他の債権よりも強く、仮に会社が倒産した場合でも消えません。それに耐えうるだけの資金準備は経営者としての責務といえます。

経営者借入の弁済

経営者が会社に貸付を行っている場合は少なくありません。資金繰りが厳しいときの社長の給与未払いが借入となるケースもあるでしょう。

ほかにも、持株会社を設立し、オーナーの株式を持株会社に売却する際、全額の融資を引っ張ることができずに、経営者からの借入で処理するケースもあるでしょう。遺族が経営を引き継ぐ場合には貸付のままにされるケースもあるでしょうが、経営から遺族が離れる場合には、会社への貸付は相続財産になるので、弁済を求められる可能性が高くなります。

＊

以上、五つの切り口で、オーナー経営者の急な相続への備えを解説してまいりました。詳細をご理解いただくよりも、経営者の皆さまなら必ずそうされると思いますが、信頼できる専門家をきちんとそばにお付けいただき、その方に本章を読んでいただくことをお勧めいたします。

この点で一つ申し上げておきますと、経営者の急な相続という緊急時に求められるのは、税務以上に、手続きであり、交渉であり、資金があるかどうかです。

顧問税理士さんにすべてを期待することは、おカド違いといわざるを得ません。弁護士さんを軸に、顧問税理士さん、銀行や生命保険の担当者のチームワークを日ごろから築かれることをお勧めいたします。
「うちの顧問税理士は長い付き合いだから、彼が何とかしてくれるだろう」が一番危険です。「何とかなるだろう」では何とかならないのが経営者の急な相続なのですから。

クーデターリスクに対して、正々堂々向き合う

本章の最後に、第４章の中村社長のその後を見ていきます。

10年前の創業時にご自身が３００万円を出し、竹田さんに２００万円を出してもらった中村社長。事業はコロナ禍の落ち着きと併せて回復しており、これからは好決算が期待できます。それを知っている竹田さんと、株式の売買の交

渉がうまくいくとは思えません。

「石渡さん、どうしましょ？　竹田くんに株式の40％握られたままでは、うっとうしゅうてたまりませんわ」

　中村さんから相談を受けた私は、今度の決算結果がまとまったあとに、竹田さんも含めて3人でランチをすることを提案しました。

「せやなあ、竹田くんと2人だと、私もうまく話せませんわぁ。いきなり弁護士なんか連れて行ったら警戒されてしまうし。石渡さんがちょうどええのかも」

「まずは正々堂々と竹田さんに話しましょう。ここまで10年間ありがとう。私も70歳になる。そろそろ後継者に会社を渡していかないとまずい。私も身を引くから、竹田くんも一緒に身を引いてくれないかと。そして、君の株を会社で買い取らせて欲しいと言ってみましょう」

「いやー、そんなこと、竹田くんの前でうまく言える自信ありませんわぁ。石渡さん、お願いしますぅ」

　しかし、弁護士ではない私には代理行為はできません。

「中村社長、正々堂々の話し合いと並行して、60％の議決権でもできることを進めていきましょう。もちろん、竹田さんに無断で進めることはできませんけれども。本当なら、『売渡請求の定め』は定款変更で廃止しておきたいところですね」

私はこのように提案しましたが、もし竹田さんの反対にあえば決議できません。中村さんと竹田さんとの話し合いがうまくまとまるところまで、しっかりサポートしていくつもりです。

第9章 医療法人の承継にまつわる大きな誤解とその対策

どうしてもお伝えしたい、医療法人運営、医療法人承継の勘どころ

2007年の医療法改正以来、「出資持分あり」の医療法人の設立はなくなりました。それ以前に設立されて出資持分をもったままの「経過措置医療法人」は、厚生労働省の発表によると、全国に3万7490(2022年3月末時点)存在します。

その出資持分オーナーに、どうしてもお伝えしたいことがあります。

それは、「出資持分をもっているからといって、法人を支配できているわけではない」ということです。

ここが、株式会社との大きな違い、もっといえば〝大きすぎる〟違いなのです。

株式会社で株式を１００％握っていれば、会社を支配することが可能です。しかし、医療法人で出資持分を１００％もっていようと、何割かもっていようと、医療法人の支配にはほとんど関係ないのです。「ほとんど」は言いすぎかもしれませんが、そのくらい強くアナウンスしないと伝わらないと思いますので、繰り返します。

出資持分をもっていても、医療法人を支配できません。

それなら、誰が医療法人を支配するのでしょうか？

読者の皆さまもご存じの通り、「社員」です（１３９ページ参照）。株式会社の株主と、医療法人の社員を「同じような立場」と理解してしまう方がいますが、まったくの誤解です。ここが誤解の始まりです。

株式会社で（普通株式）１００％の株主であれば、会社を１００％支配できます。株式会社にとっては、出資持分＝議決権割合なのです。１００％出資しているということは、株主総会で１００％の議決権をもつことになりますので、役員の選任や役員報酬の決定など、自由に決めることができます。誰からも異議は入りません。

一方で、医療法人では、出資持分＝議決権割合とはなりません。医療法人の意思決定機関である社員総会での議決権は、「社員一人当たり議決権は一つ」と医療法で定められているのです。

さらに、ここからが医療法人の承継にとっての〝勘どころ〟なのですが、株主という立場は、死亡によって当然に相続されるのに対して、社員という立場は相続されないのです。

第５章の精神科病院の事例において、もともと社員は２代目理事長と、創業者であるお父さまとお母さまの３人でした。創業者が高齢になり亡くなり、そして配偶者も亡くなったことを受けて、社員が２代目理事長一人になり、その立場で新たな社員として妹さんと、ご自身の配偶者を社員に招き入れたのです。

妹さんは、お父さまやお母さまからの相続で社員に就任したわけではありません。２代目理事長の奥さまも、もちろんそうです。もとをただせば、２代目理事長の社員の立場も、設立時にお父さまのご判断で招き入れられた結果です。

つまり、２代目理事長が亡くなっても、社員の立場はその息子さんたちに相続はされませんので、残された２人の社員、妻の恵さんと妹の節子さんの話し合いで、誰を社員に招き入れるのか、それとも招き入れずに２人のままでやっていくのかを決めていくことになるのです。

理事長が亡くなって、新たな理事長を施設長の医師２人のうちどちらにするか、ということすら決められない恵さんと節子さんです。新たな社員を誰にするかを、どう決めろというのでしょうか？

事例の通り、２人の意見が対立すれば、何も決まらないのです。時間の経過とともに、お２人ともに高齢になり、新たな社員を招き入れることなく社員である２人が亡くなってしまえば、社員不存在で法人解散。そんな憂き目にあう可能性すらあります。

こんな法人の未来があり得ることを、ほとんどの医療法人経営者の方々は見落としているでしょう。

株式会社の承継においては、「株主が不存在になる」ということはほぼ起こりえません。株式をどのように承継していくのか、それはそれで悩みの種ではありますが、医療法人の社員の承継とはまったく異なる悩みであることが伝わりましたでしょうか？

株式会社の株主と、医療法人の社員は「同じような立場である」という理解は、まったくの誤解なのです。

医療法人を所管する行政は「社員の承継」をどう考えているのか？

東京都福祉保健局のホームページに載っている医療法人の「定款例」には、社員総会の招集について、このような定めがあります。

「理事長は、総社員の5分の1以上の社員から社員総会の目的である事項を示して臨時社員総会の招集を請求された場合には、その請求があった日から20日以内に、これを招集しなければならない」

これをもとに、多くの医療法人の定款には、この文言がそのまま載っているはずです。

この規定を読んでわかることは、行政としては、医療法人を運営していくにあたっての社員の適正数は「5名程度」と想定していることがうかがえます。

会社法において「取締役会の取締役は3名以上」と規定されているように、理事に関しては明確に「3名以上」と規定されていますが、定款例を見ると、理事の人数に関しても5名を想定された規定がいくつかあります。

行政としては、医療法人の適正な運営には、社員も理事も「5名程度とすること」が想定されていることがうかがえます。

一方で、社員の数は何名以上とは明確に定められていないので、3名とか、2名とか、場合によっては社員が1名とか、そのような医療法人が多数存在してしまっています。

このような医療法人では、出資持分があるかないかにかかわらず、意思決定においてデッドロックが起きやすく、場合によっては乗っとりやクーデターが起こりかねません。

クーデターに関しては、医療法人に限った話ではなく、学校法人でもクーデターは起きるようです。株式会社に対して、医療法人や学校法人には「オーナー」という概念が存在しないからです。

このことを受け入れて、医療法人の運営や承継を進めていくことが重要です。

「補欠社員」という機関は医療法人にはない

会社法では、任期中に役員が辞任や死亡などで欠けた場合に備えて、株主総会において「補欠役員」を選任しておくことができます（会社法329条3項）。医療法人でも補欠役員の選任は可能です。理事長に事故があったときには、あらかじめ順位を定めておけば、理事が職務を代行することも可能です。

一方で、「補欠社員」という機関はありません。

第5章の精神科病院の事例に出てきた2代目理事長は、自分が死亡したときに備えて、社員は3人ではなく4人にしておこうという発想は、もちえなかったことでしょう。さらに、自分の死亡に備えて、次の社員を誰にするかをあらかじめ決めておく方法もないのです。

「自分が死んだら、出資持分を売ればいい」と考えるならば、並行して「自分が死んだら、社員を○○氏に頼んで、出資持分売却の意思決定をサポートしてもらうように」ということまで言い残してくれていれば、事態はデッドロックとはならずに済んだかもしれません。

ただ、このような発想をもつことも難しいでしょうし、そのような立場を引き受けてくれる適任者を探すことも困難といえます。人はだれしも「自分が死ぬ」ということを、自分自身で掘り下げることは不得意です。万が一の死亡に対する想像力には限界がある、といえます。

「社員一人が1個の議決権をもつ」という制度そのものが、意思決定を不安定にさせている、と理解しておくことが医療法人の運営、承継には重要です。

後継者の議決権の確保をしておくことが大切

次に、第5章の眼科クリニックの事例を振り返ってみましょう。

父、母、長男、次男の4人が社員でした。これもよくある姿かと思います。

次男が医師で長男は医師ではないので、父亡きあとのクリニックは、外から理事長を招くか、次男が理事長になるかの二択です。父が亡くなれば社員は3人になり、社員総会で母が議長となれば長男と次男の議決権が一票ずつ。事例のように長男が態度を固くすると、デッドロックが起きてしまいます。新たな誰かを社員に入れようとしても、決められません。母が亡くなれば、社員は長男と次男の2人になり、事態はさらに深刻になります。


このような事態を避けるにはどうすればいいのでしょうか？

非常にデリケートで、難しいテーマですが、父、母が元気なうちに、次男にこのクリニックを継承することを明確に決めて、長男には社員から外れてもらい、次男が経営者として自由に意思決定できるように機関設計を整えるべきでした。

確かに理屈はこうなのですが、当事者の4名で、自発的にそのような意思決定ができるかといえば、それはまず不可能でしょう。

父、母は経営者である前に、親です。医師になれた次男よりも、医師になれずに引きこもってしまった長男のことが心配になりますから、長男を社員から外す、という判断は働きづらいでしょう。

また、事例に出てくる顧問税理士に、そこを整理・調整する役が務まるかというと、これも疑問です。顧問税理士の職務には、そのような役割は通常は含まれません。

私は、このようなことが医療法人では起こりやすい、ということに気づいて以来、医療法人に積極的に関わらせていただくようになりました。

まずは「出資持分の放棄」の検討を

同じく第5章の精神科病院の事例では、後継者が定まらない間に理事長が急逝してしまいました。理事長がもっていた出資持分の評価が20億円にまで膨らんでいたために、相続人は相続税を納めることができず、「売却一択」に追い込まれてしまいました。

仮に、理事長が長生きしたとしましょう。そして長男が後継者になるとしたら、出資持分をどのように後継者に引き継げばいいのでしょうか？

病院経営が順調であればあるほど、贈与税、相続税の問題が今以上に大きくなっていくことでしょう。さらに、税金の問題以上に、遺留分の問題が大きくなります。2人の息子に均等に出資持分を分けることは現実的ではなく、次男が出資持分をもらえなかった場合、遺留分侵害額請求を起こすことになるでしょう。

もしも、2代目理事長の生存中に出資持分を放棄できていれば（贈与税の問題のクリ

ア も同時に必要)、事例のような急な相続に見舞われたとしても、配偶者が相続税を払えずに「売却一択」に追い込まれることを防げた可能性があります。

また、理事長が長生きした場合、病院経営が順調で利益を毎年積み上げたとしても、出資持分の放棄後であれば、後継者は納税の問題、遺留分の問題から解放されていることでしょう。

眼科クリニックの事例でも同様で、理事長の父が出資持分を放棄(同時に贈与税をクリア)してくれていれば、次男にとっては納税の問題と遺留分の問題が軽くなったはずです。

社員構成をどうするか? これは非常にデリケートな問題ですが、まずはできることから、後継者のために、現経営者の目の黒いうちに、出資持分の放棄を検討することをお勧めいたします。

※認定医療法人制度については、293ページで述べます。

病院の売買は、出資持分のあるなしに左右されるのか

「出資持分を放棄すると、病院やクリニックは売りづらくなる」

よくこのようにいわれます。しかし、これは誤解です（すべてとはいえませんので、断言はできませんが）。

買う側の立場に立ってみましょう。

株式会社だろうが医療法人だろうが、その組織を買う目的は、「売上や利益を期待できるから」です。どれだけの売上、利益が期待できそうかを推し量って、事業または株式の対価を算出し、交渉が進むものです。

確かに出資持分があるほうが、仮に転売する際には売りやすさに差がつくかもしれません。そのあたりも織り込んで、売買価格が決定されていくことは事実です。

そのマイナス材料と、将来期待される、出資持分放棄のメリットとを勘案して、放棄

するかどうかをお決めになればいいと思います。

ちなみに、出資持分がない医療法人でも、事業に価値が見込まれれば、「理事長への退職金」という名目で売買の対価が支払われることになります。

出資持分を売却することと、退職金が払われることとを比較して、退職金による手取りがあまりにも不利になりそうだと判断された場合には、出資持分放棄を見送ればいいでしょう。

あくまでも、売りたいときに買い手が見込まれるかどうかは、出資持分のあるなしではなく、事業性（不動産の価値も含めて）が問われるものと理解しましょう。

認定医療法人制度の期限延長について

２０１４年10月にスタートした「認定医療法人制度（認定制度）」は、２０１７年に改正のうえで３年間延長されました。２０２０年には再延長され、期限は２０２３年９月いっぱいまでとされています。

※２０２２年12月の税制改正大綱にて、再々延長が盛り込まれました。

本書が手にとられるとき、制度はすでに終了している可能性もありますが、この制度について触れておきます。

要件を満たせば、出資持分放棄の際に法人に課せられる「みなし贈与税」が免除される制度で、後継者は遺留分の問題から解放されます。

非常に意義深い制度であるはずなのですが、利用件数は期待されるほどは伸びていないようです。

そもそも、出資持分の放棄に対して、オーナーの誤解や理解不足、抵抗感が強いのでしょう。出資持分のオーナーにとっては、「財産権を放棄することですから、慎重にご検討ください」と第三者から言われれば、及び腰になるのは当然です。

役員報酬への制限など、制度を使うための要件も足かせになってきたことでしょう。その法人のこと、ご家族のことを深く理解した専門家から、じっくりとアドバイスを聞けるプロセスがないと、制度の活用は限定的となるでしょう。

事業を承継しない（できない）人への経済力の残し方

第5章の眼科クリニックの事例のように、経営者ファミリーの中に、生活力のない方、金銭管理が難しい方がいらっしゃるのは珍しいことではありません。

親亡きあと、引きこもりの長男の生活は、次男にとって少なからず負担になっていくことでしょう。その対策の一案を、本書の最後にご紹介いたします。

まずは、後継者にとって、納税の問題と遺留分の問題とが最小限になるよう配慮することが大切です。医療法人であれば出資持分の放棄を、株式会社であれば除外合意、または遺留分放棄を、親御さんの目の黒いうちに進めていくことが重要です。

現理事長への退職金の支給は、損金算入可能額の範囲内で法人としての損金となり、その期のみならず数年間の繰り越しが認められるので、後継者への引き継ぎを支援することにつながります。退職金規程の準備や財源の準備を、計画的に進めていきましょう。

現理事長勇退時の退職金を財源に、財産の一部を「信託」することをお勧めします。金銭管理ができない方に、相続等で一度に多額の現金が渡ってしまうことは、親御さんとしても心配ではないでしょうか？　親御さん亡きあと、ごきょうだいに金銭管理を託すことも、託された方にとっての大きな負担となります。

信託にすることで、毎月定期的に一定額を受け取る仕組みにできます。また、ごきょうだいに対して、「金銭管理のできないきょうだいの支援（医療費等）」の目的に限定して、信託で財産を残すことも可能です。

引きこもりや金銭管理ができないことが必ずしも「発達障害」と診断されるわけではありませんが、親御さんの立場としては、引きこもりや金銭管理の苦手なお子さまのことを「発達障害」かもしれないと疑ったり、認めたりすることには心理的に高いハードルがあることと思います。そのため、子どもの間には見過ごされてしまい、大人になってから、周囲が「発達障害なのではないか？」と気づくという例が少なくないようです。知的障害とは異なり、大人の発達障害は、福祉のサービスも受けづらいことでしょう。

親族内での事業承継は、経営者から後継者の間での事業資産や経営権の承継のみならず、ファミリーの中にいる「立場の弱い人（引きこもりや金銭管理ができない、など）」のケアをどうするか？　が問われることになるのです。事業承継を支援する者の姿勢や経験が問われるテーマです。

おわりに

「事業承継対策の肝は、『勘定』よりも『感情』」

これは、タクトコンサルティングの創業者であり税理士の本郷 尚先生に教わった言葉です。

損得勘定を判断軸にしてしまうと、感情のもつれやこじれが見えにくくなり、もめてしまいます。もめてしまえば、もとには戻れない。だから専門家として、もめさせてはならない……。

そんな意味が込められた言葉として、私は受け止め、肝に銘じてきました。

オーナー経営者が節税よりも大切にすべきことは、当事者の感情です。

会社を継ぐ人も、継がない人も、お互いを思いやる心を育む。この価値観の共有こそ、事業承継・相続の対策の本質といえます。しかし、そう考える専門家は残念ながら少ないのではないでしょうか？

本書を読んでいただいた皆様には、「勘定」と同時に「感情」にもしっかり焦点を当てて対策を手伝ってくれる専門家と出会われることを祈念いたします。

専門家の心得について、税理士であり弁護士の関根稔先生は、『税理士のための百箇条―実務と判断の指針』（財経詳報社刊）の中で、次のように述べています。

患者と医者、依頼者と弁護士、依頼者と税理士の関係は、法律関係ではなく、信託関係なのだ。つまりは、「信じて託された関係」なのだ。（中略）専門家が考えるべきは、「信じて託された信頼に応えているだろうか」という視点であり、リスクは説明したのだから自分の責任ではないと考えることではない。

この言葉を、生命保険の営業職である私の立場では、「『商品を買うのはお客様自身だから、問題解決につながるかどうかは当事者次第。買うも買わないもお客様の自己責任』などと考えてはいけない」ということだと受け止め、そんな無責任な仕事はしないと心に決めています。

ですから、事業承継に関わる者として大事にすべきことは「当事者意識」であると思っています。

当事者意識とは、「私がこの家族の一員だったら?」「この会社で役員として働くとしたら?」と考えて、何を課題としてとらえ、その解決のために何が必要かを真剣に考えることです。

この意識が抜けた、単なる商品セールスであれば、生命保険の営業職が、事業承継や相続というテーマにおいて必要とはされないでしょう。

私たちは、生命保険という「死」と向き合う商品を扱います。多くの経営者とそのご家族にとって、事業承継や相続という問題は、何度も経験するものではありません。未体験の、難しい問題に直面するオーナー経営者ファミリーのそばで、深く、永く寄り添うことができる存在が、生命保険営業職の本来の姿ではないかと思っています。

オーナーファミリーと深く、永く関わる覚悟があるからこそ、踏み込んだ提案ができ、決断の背中を押してさしあげることができるのです。

明治から昭和初期にかけて活躍した政治家、後藤新平の名言に、

「財を遺すは下、仕事を遺すは中、人を遺すを上とする」

という言葉があります。名将といわれた故・野村克也氏も大事にしていた言葉です。

オーナー経営者の皆様には、われわれ生命保険営業職を「コミュニケーションのプロ（専門家）」と位置付けて、ぜひ上手にご活用いただきたいと思います。そして、会社を継がせるお子様にも、継がないお子様にも、「先代は生命保険営業の○○さんという『人』を遺してくれた」と言っていただけるような関係性を築かせていただきたいと願っております。

本書が親族承継の当事者の皆様と、専門家、生命保険営業職とのコミュニケーションツールの一助となりましたら幸いです。

２０２３年４月　石渡英敬

本書内容に関する
お問い合わせ
について

このたびは翔泳社の書籍をお買い上げいただき、誠にありがとうございます。弊社では、読者の皆様からのお問い合わせに適切に対応させていただくため、以下のガイドラインへのご協力をお願いいたしております。下記項目をお読みいただき、手順に従ってお問い合わせください。

●ご質問される前に

弊社Webサイトの「正誤表」をご参照ください。これまでに判明した正誤や追加情報を掲載しています。

正誤表　https://www.shoeisha.co.jp/book/errata/

●ご質問方法

弊社Webサイトの「刊行物Q&A」をご利用ください。

刊行物Q&A　https://www.shoeisha.co.jp/book/qa/

インターネットをご利用でない場合は、FAXまたは郵便にて、下記"翔泳社 愛読者サービスセンター"までお問い合わせください。

電話でのご質問は、お受けしておりません。

●回答について

回答は、ご質問いただいた手段によってご返事申し上げます。ご質問の内容によっては、回答に数日ないしはそれ以上の期間を要する場合があります。

●ご質問に際してのご注意

本書の対象を超えるもの、記述個所を特定されないもの、また読者固有の環境に起因するご質問等にはお答えできませんので、あらかじめご了承ください。

●郵便物送付先およびFAX番号

送付先住所	〒160-0006　東京都新宿区舟町5
FAX番号	03-5362-3818
宛先	（株）翔泳社 愛読者サービスセンター

※本書に記載されている内容は、2022年12月現在の法令・基準等に基づいて書かれています。

石渡 英敬（いしわた・ひでたか）

1974年、神奈川県川崎市に生まれる。1998年、東京大学教養学部基礎科学科卒業。大手広告代理店を経て、2005年にプルデンシャル生命保険株式会社のライフプランナー（営業社員）に。2015年、ライフプランナーの最高位「エグゼクティブ・ライフプランナー」に就任。

実家は祖父の代からスーパーマーケットを経営していたが、2015年（法人設立55期目）に経営難を理由に、三代目オーナー経営者の兄から第三者へ株式譲渡。ライフプランナーとしてその実現に深く関わる。「2代目3代目経営者のブレイン」「親族承継、永続経営のサポート」という立ち位置に特化した活動を続けている。

キャリアのある営業社員が専門性の高い最新知識などを学ぶ企業内大学「POJ University」の企画リーダー・講師を務める。自らの体験を共有する社内研究会には、毎回100名を超える参加者を集めている。

執筆協力、法律校正　弁護士 安部 明（佐藤安部法律事務所）
協力　プルデンシャル生命保険株式会社

カバーデザイン　小口翔平＋阿部早紀子（tobufune）
本文デザイン /DTP　ISSHIKI

新 事業承継・相続の教科書
～オーナー経営者が節税よりも大切にしたいこと

2023年4月19日　初版第1刷発行

著者　石渡 英敬
発行人　佐々木 幹夫
発行所　株式会社 翔泳社（https://www.shoeisha.co.jp）
印刷・製本　中央精版印刷 株式会社

ISBN978-4-7981-7721-2　Printed in Japan